KB220245

그 여름에 핀 눈꽃

김한나 지음

그 여름에 핀 눈꽃

코람데오

만경교회 창립과 하나님의 놀라운 역사

1913년, 묘라리교회 부흥회에 참석한 곽영욱 씨와 정화선 씨는 앉은뱅이가 일어나 걷는 것을 보았습니다.

그때 그들의 영안이 열려 동지 여러 명과 함께 만경면내에 교회를 세워야한다는 사명감을 느끼고 복음을 펴게 되었습니다.

이들은 1914년 2월부터 면내 외서리에 5칸 예배당을 건축하기 시작했고, 그 해 6월 7일에 헌당예배를 드리게 되었습니다.

당시 건물은 ㄱ자형으로 남녀 좌석이 분리되어 있는 초가집이었고, 출입문도 남녀가 구분되어 있었습니다.

종탑은 남자성도의 출입문 앞에 20미터 높이로 세워져 있었는데 주일에는 그 종소리가 만경면내에 울려 퍼졌습니다.

당시 군산지방의 선교사로 군산 궁멀교회(현재 구암교회)에 주재하던 부위렴(W. F. Bull) 선교사가 당회장으로 교회를 이끌었습니다.

정엄귀 영수님과 곽영욱 집사님이 교회를 받들고, 교회 이름을 만경 외서리교회라고 명명했습니다.

1915년 2월에 부위렴 선교사와 황재삼 조사님이 인도한 부흥회를 통해 10여 명의 성도가 늘었으나 그 다음해 부위렴 선교사가 본국으로 귀국하여일시 침체되었습니다.

1917년 4월부터 하울림 선교사가 부임하여 새 힘을 얻었고, 부위렴 선교사가 다시 돌아오면서 교회는 날로 부흥했습니다. 교회가 성장하던 1917년 11월 11일에 곽영욱 집사님이 초대장로님으로 장립되었습니다.

1918년 2월에는 부위렴 선교사와 최대진 목사님이 인도한 부흥회에 많은 성도들이 모여들어 부흥회를 마치자마자 예배당을 기존 5칸에서 4칸을 증축하여 9칸으로 확장했습니다.

그해 4월에 김용규 목사님과 이재언 목사님을 모시고 부흥회를 열었는데 그때 모인 성도가 300명쯤 되었습니다.

1921년 10월 13일에 곽진근 목사님을 초대 위임목사님으로 모셨고, 이재근 장로님을 장립했습니다.

그 후 완전한 교회로 성장하여 고장 복음의 전파뿐 아니라 민족의 선구자적 역할을 했습니다. 일제의 탄압에도 국어교육을 실시했고, 유치원을 운영했으며, 청년들의 민족정신을 일깨우는 도장이 되기도 했습니다.

그때까지 부위렴 선교사가 당회장으로 섬겼으며, 이재언 목사님, 이근호 목사님이 대리 인도했습니다.

일제의 탄압으로 풀무불 같은 시련이 계속되었습니다. 그러나 주의 도우심으로 은총은 날로 더해만 갔습니다.

1933년 5월 1일에 새 성전을 짓기 시작하여 1개월 만인 5월 30일에 완공했습니다.

6월 4일에 인근의 교우들까지 모여 헌당식을 거행했습니다. 벽에 그을린 판자를 붙인 목조건물이었습니다.

교회당 바닥은 판자로 되어 있었고, 강단은 ㄱ자 중앙에 있어서 성도가 모두 다 보였습니다.

교사용 탁자 위에는 작은 손 종을 놓아서 주일학교 공과 공부시간과 유년주일학교 공부시간에 시간을 알려주었습니다.

칠판은 판자 위에 먹칠을 하여 사용했습니다. 주일날에는 본문반, 받침반으로 나누어서 한글을 가르쳤습니다.

"교회 나와서 구원받으시오." 하는 전도의 말을 듣고 교회에 나오니 구원은커녕 밥 망을 들고 다니며 돈 달라고 하더라는 우스갯소리도 회자되었습니다.

당시에는 주일날과 수요예배 때도 헌금을 했습니다.

해방을 맞아 기쁨의 종이 울렸고, 1948년 5월 1일에 김종한 목사님이 부임하여 교회는 기쁨 속에 은혜로운 신앙생활을 했습니다.

1950년 전쟁과 함께 교회는 공산당에게 짓밟히게 되었습니다. 강단 뒤에는 붉은 사진이 걸리고 예배당은 미국 타도의 성토장이 되었습니다.

교회는 더 이상 종을 울리지 못했고 겨우 주일 낮 예배만 드릴 수 있었습니다.

1950년 8월 18일에 곽영욱 초대장로님이 소천하셨고, 그 후 교회는 형편이 더 어려워졌습니다.

그럼에도 불구하고 주일날이면 어김없이 누군가가 강단에 예쁘게 꽃을 꽂아놓아 성도들의 주님 사모하는 마음을 이어가게 했습니다.

당시 만경에는 공산주의를 반대하는 청년단이 결성되었는데 9월 12일 새벽에 이에 가담한 청년들인 최정렬 전도사님, 곽옥정, 유금식, 송은숙 등과 김 목사님, 강 장로님, 하 집사님이 체포되었습니다.

그러나 교회와 청년단원들과의 연관성을 찾지 못하여 김 목사님, 강 장로님, 하 집사님은 곧 풀려났습니다. 청년단원들은 4일 후 전주형무소에 수감되었고, 그 후 교회 각 가정들은 심한 감시 속에 살게 되었습니다.

하지만 9월 27일 낮에 성도들을 비롯하여 김 목사님, 강 장로님, 강 집사님, 이남근 성도 등 9명이 만경분주소로 끌려갔습니다.

그날 밤 12시 이후 그들 9명이 만경분주소에서 순교했고, 고동순 반사님이 몽산에서 순교했습니다.

전주형무소에서는 공산군들이 후퇴하면서 청년들과 곽병일 집사님을 형무소 뒷산에서 총살했습니다.

이처럼 만경교회에서는 전쟁 중에 목사님을 비롯하여 모두 15명이 순교했습니다.

전쟁이 끝난 후 만경교회는 침체의 늪을 헤쳐 나가야 했습니다. 그러나 하나님께서는 15명의 순교자들의 피의 소리를 외면치 않으시고 점차 회복시켜 주셨습니다.

15명의 순교자분들의 삶과 신앙을 감히 흉내 낼 수 없는 필자가 순교일에 즈음하여 그분들께 바치는 글을 쓰고자 합니다.

2020년 9월

그 여름에 핀 눈꽃

- 김종한 목사님을 기리며

그의 고향 전남 해남군 황산면 연당리
산으로 둘린 아름다운 곳
남해가 출렁이는 곳
어릴 적 소년의 맑고 밝은 소리가 들리는 곳
조선신학교 1회 졸업생으로
첫 사역지 황해도 해주 석탄교회
신사참배 거부하고 사임 후
김제 가실리교회 부임
농촌사랑 나눔 앞장서고
개척한 신기리교회
1948년 5월 1일 만경교회 부임 후
성도들에게 애틋한 사랑 실천하고
민족의 슬픈 전쟁 그 와중에도
하나님 말씀 흔들림 없이 전하셨던
양들을 잃지 않으려 애쓴 목사님
보름달이 환하게 만경평야 들녘 비추던 날
오래된 팽나무 수만 잎사귀도 울고
느티나무 한 그루도 온몸으로 울던 날 밤
목사님과 성도들은 하나님을 사랑하기에

주님을 잘 알기에 많은 사람들과 함께 죽음에 직면해서도
의연하게 두 손 모으고 내 영혼을 받아주소서
그리 아니 하실지라도
더욱 주님을 의지합니다
1950년 9월 27일 순교한 목사님
형형한 눈빛을 기억합니다
그 험한 순교 자리에 함께하시어
피투성이 된 목사님을, 성도들을
품에 안아주시며 눈물 흘리셨을
주님 손길을 생각합니다
천사의 손에 목사님과 모든 순교자들
눈물로 가득 찬 기도의 향연 금단에 올리고
흰옷 입고 모두 함께
천국 문으로 들어가
그곳에서 가장 아름다운 모습으로
생명 강가 그곳에서 주님과 함께 부르는 찬양
'참 아름다워라 주님의 세계는'
목사님과 순교자들의 합창이 들려오는 듯합니다

목차

※ 표기는 원칙적으로 현행(2015년 기준) 맞춤법을 따르되, 시대적 특징과 상황, 표현 등을
고려해 사투리 및 옛 표기도 혼용하였음.

순교자의 영에게 드리는 글

만경교회의 평안한 날들

1949년 12월은 유난히 추워서 교회 앞 능제 저수지가 꽁꽁 얼었습니다.

겨울방학을 맞은 소년들은 작년에 가지고 놀던 썰매를 찾아 능제 저수지로 한달음에 달려갑니다.

손등이 터서 피가 나는데도 추운 줄도 모르고 "호호!" 입김으로 손을 녹이며 해가 질 때까지 신나게 놉니다.

봉호와 헌직이도 그들과 섞여 시간 가는 줄 모르고 놀고 있습니다.

누가 가져왔는지 한구석에서 소나무 가지들을 피워놓고 고구마를 굽습니다. 썰매를 타던 소년들이 하나둘 모여들어 군고구마를 먹으며 검댕으로 까매진 서로의 얼굴을 쳐다보며 깔깔대고 웃습니다.

그리고 다시 그 넓은 얼음판 위를 신나게 달립니다.

▼ 현재의 만경교회

▲ 1950년대 만경교회(앞모습)　　　　▲ 1950년대 만경교회(옆모습)

　　저녁밥을 짓던 어머니는 뉘엿뉘엿 해가 저물자 부엌에서 나와 능제 저수지로 갑니다. 얼음판 위에서 아직도 신나게 놀고 있는 봉호를 금방 알아봅니다.

　　"봉호아, 봉호야! 밥 먹자!"

　　"어머니다. 헌직아, 너도 같이 가자!"

　　"아녀. 너 먼저 가랑께. 나는 좀 더 놀다 갈란다."

　　"그려. 그럼 나 먼저 간다."

　　"그려."

　　헌직이는 썰매를 타며 이내 아이들 속으로 사라집니다.

　　"끄니 때가 되면 와야지. 꼭 불러야 온다냐?"

　　"아직 해가 지지 않았잖여요."

　　"벌써 어둑해지는구만이."

　　봉호는 어머니 뒤를 따라 집으로 갑니다. 집에 도착하자 어머니는 부엌 안 커다란 무쇠 솥에서 펄펄 끓는 물을 세숫대야에 떠 찬물을 섞은 후 미지근하게 하여 봉호를 씻기기 시작합니다.

　　얼굴에 시커먼 것도 묻고 손등도 터져 피가 맺혀 있으므로 어머니는 정성스레 씻겨줍니다.

"니 고구마 먹었냐?"

"어떻게 알았다요?"

"니 얼굴에 그렇게 써 있구만."

봉호는 쿡 웃으며 고개를 끄덕였습니다. 부엌으로 난 작은 문을 열
며 할머니가 말합니다.

"우리 손자 하루 죙일 뵈지 않더만 에미가 가서 데려왔구만이."

"할미! 썰매 타는 거 징허게 재밌다니께요."

깨끗이 씻어 말끔해진 봉호가 대답합니다.

"배고프것다. 어여, 들어오니라."

"예, 할미."

그렇게 겨울방학 첫날이 지나갔습니다. 동네 소년들은 방학 내내
거의 매일 아침밥을 먹고 나면 으레 썰매를 메고 머리에 어머니 긴 목
도리를 두르고 능제 저수지로 나옵니다.

봉호가 능제 저수지로 가는 길에 동해병원 앞을 지나다 왕진 다녀
오는 강 집사님과 마주치자 인사를 꾸벅합니다.

"봉호야. 너 저수지 썰매 타러 가냐?"

"예. 영식이도 데리고 가도 되지라."

"그럼. 집안에만 있으니 좀이 쑤시는가 보더라."

"예."

"영식아! 영식아!"

아버지의 부름에 나온 영식이가 봉호를 보자 표정이 밝아집니다.

"형 왔네? 아버지, 나 형아 따라가 놀고 싶어요."

"그래라."

"아버지 나도 따라갈래요."

언제 나왔는지 경현이도 따라 나섭니다. 안에서 윤 집사님의 목소리가 들려옵니다.

"바람도 찬데 놀려면 옷도 단단히 입고 머리에 목도리도 둘러야지."

"형아 좀 기다려."

"나도 같이 가."

집안으로 들어간 영식이는 금세 누나 경현이랑 함께 나옵니다.

봉호는 영식이와 경현이를 데리고 능제 저수지로 걸어갑니다. 햇살이 퍼지고 어느새 능제 저수지에는 썰매 타러 나온 아이들로 가득합니다.

언제 왔는지 은동이와 해동이도 신나게 썰매를 타고 있습니다.

"영식이도 왔네? 경현이도 어서 와. 같이 타자!"

은동이가 반갑게 맞으며 말합니다. 그렇게 모두 모여 시간 가는 줄 모르고 썰매를 탑니다. 한참을 타다가 경현이가 춥다고 말합니다.

"나 집에 갈래. 너무 춥다."

"누나 가자. 나도 춥다."

영식이가 썰매에서 내려 누나 손을 잡습니다. 봉호가 그들 남매와 함께 썰매를 어깨에 메고 능제 저수지를 나오다가 눈으로 헌직이를 찾아봅니다. 그런데 어디에도 헌직이의 모습이 보이지 않습니다. 사실 그 넓은 저수지에서 헌직이를 찾는 것은 그리 쉽지 않습니다.

봉호는 영식이와 경현이를 동해병원에 데려다 주고 집으로 갑니다.

"너 잘 왔다. 밥 먹고 놀아라."

"예."

"어서 할아버지 방으로 들어가. 곧 밥상 들고 간다."

어머니는 다시 부엌으로 들어갑니다. 봉호는 썰매를 마루 한쪽에

놓고 방으로 들어갑니다.

"아침부터 나가더니 점심때가 돼서야 들어오네. 어서 이불 아래로 발 넣어라이."

"예. 할미."

봉호는 할머니 곁으로 다가가 앉습니다. 차차 몸이 따뜻해집니다. 어머니는 밥상을 들고 들어와 내려놓습니다.

"진지 드세요."

봉호는 할아버지와 겸상을 해서 먹고, 다른 식구들은 다른 상에 둘러앉아 식사를 합니다.

그렇게 똑같은 날들이 지나가고 곧 성탄절이 다가옵니다. 어느 날, 만경교회 이옥진 선생님이 아이들을 모아놓고 말합니다.

"오늘부터 찬양연습을 한다. 성탄절 전날 우리가 먼저 하나님께 영광 돌리고, 목사님과 어른들께 기쁨을 드리자."

"예."

"예."

"좋아요, 선생님."

만경교회의 겨울은 참 춥습니다. 그래서 나무로 만든 교회당에다 난로를 피우고 아이들은 난로 주위에 옹기종기 둘러서서 찬양연습을 합니다.

선생님은 작은 오르간 앞에서 '탄일종'을 칩니다. 모두 난로 곁에서 떠나려 하지 않습니다.

"먼저, '탄일종이 땡땡땡'이다."

아이들은 난로 곁에서 좀처럼 오르간 앞으로 가려고 하지 않습니다.

"춥지만 어서 오르간 앞으로 모여서 연습을 하자. 그래야 빨리 끝낼 수 있단다."

선생님의 말에 봉호가 얼른 오르간 앞에 섭니다. 뒤이어 헌직이와 경현이가 따라오고 다른 아이들도 따라옵니다.

선생님은 웃으며 고개를 끄덕입니다. 오르간 반주에 맞춰 노래를 부릅니다. 만경국민학교 아이들이 다 모였는지 작은 교회당이 떠나갈 듯합니다.

"탄일종이 땡땡땡 은은하게 들린다
저 깊고 깊은 산골 오막살이에도 탄일종이 울린다
탄일종이 땡땡땡 멀리멀리 퍼진다
저 바닷기에 사는 어부들에게도 탄일종이 울린다"

아이들의 맑고 밝은 목소리가 아름답습니다. 선생님은 환히 웃으며 박수를 칩니다.

선생님의 얼굴에 기쁨이 가득합니다. 올해 결혼한 선생님은 봉호 어머니 뒤를 이어 오르간 반주를 충성스럽게 하고 있습니다.

"그럼, 이번에는 '고요한 밤 거룩한 밤' 연습해 보자."

'고요한 밤 거룩한 밤' 반주를 시작합니다. 모두들 따라 부릅니다. 선생님은 우리가 4절까지 다 부르고 나자 고개를 갸웃둥합니다. 마음에 들지 않는 것 같습니다.

"2절은 경현이가 혼자 부르고, 3절은 봉호와 헌직이 두 사람만 불러보자."

"선생님, 저 노래 잘 부르지 못해요."

경현이의 작은 목소리가 떨립니다. 그러더니 이내 고개를 푹 숙입니다.

"내가 들어보니 잘 부르던데……한 번 해보자. 반주 먼저 들어간다."

"고요한 밤 거룩한 밤 영광이 둘린 밤
천군 천사 나타나 기뻐 노래 불렀네
구주 나셨도다 구주 나셨도다"

경현이의 찬양이 끝나자 선생님은 "구주 나셨도다" 부분을 모두 함께 부르자고 말합니다.

반주가 시작되고 경현이가 반주에 맞춰 찬양한 후 모두 "구주 나셨도다"를 합창합니다.

3절도 2절처럼 봉호와 헌직이가 부른 후 "구주 나셨도다" 부분을 합창으로 했습니다.

아이들은 열심히 합창 연습을 합니다. '기쁘다 구주 오셨네' 연습이 끝나갈 무렵입니다.

교회 문이 열리고 목사님 부부가 큰 보자기와 주전자를 들고 들어오십니다. 보자기 안에는 삐죽 나온 종이봉투도 보입니다. 아이들의 눈동자가 목사님의 손을 주시합니다.

사모님은 따끈따끈한 물을 컵에 따르고 있습니다.

"배고프지? 여기 고구마 가져왔다. 먹고 나서 어두워지기 전에 얼른 집으로 가거라."

"예. 고맙습니다."

"목사님 최고!"

아이들은 쟁반에 있는 컵들을 하나씩 들고 고구마와 같이 먹습니다.

"이옥진 선생님도 고생이 많습니다."

"아닙니다. 아이들이랑 찬양하니 너무 좋아요."

"선생님도 하나 들어요."

목사님은 이 선생님께 고구마를 건넵니다. 모두 먹고 나서 집으로 돌아가려는데 사모님이 "큰 눈깔사탕" 한 알씩을 아이들 입속에 넣어줍니다.

모두 볼 한쪽이 불룩해지고 인사도 제대로 못한 채 썰물 빠지듯 순식간에 교회 문을 나섭니다.

목사님 부부도 사택으로 가시고, 교회는 다시 조용해졌습니다.

신혼인 이 선생님은 아이들이 가고 난 후 시계를 봅니다. 그때 전주에 친구를 만나러 갔던 최 선생님이 들어옵니다. 그는 외출한 김에 성탄절에 필요한 여러 가지 물품들을 사가지고 오는 길입니다.

그가 가방을 여니 그 안에는 갖가지 예쁜 색종이와 작은 가위와 반짝이는 종이가 들어 있습니다.

"참 예쁘다. 모두 모여 만들어야지요?"

"응. 그래야지."

"어머님이 기다려요. 얼른 가요."

"교회 한 번 돌아보고 갑시다."

아이들이 어질러 놓은 것들을 치운 후 불을 끄고 집으로 가는 두 사람의 뒷모습이 아름답습니다.

성탄절이 다가오자 만경교회 교사들은 종이접기로 교회를 치장하기 시작합니다. 종이접기에도 교사들 각자의 솜씨가 드러납니다.

어느 집사님은 장산리 소나무 숲에서 어린 소나무 한 그루를 가져와서는 멀쩡한 양철 바께쓰 아래에 구멍을 뚫고 심어 교회 안에 들여 놓았습니다.

교사들은 그 소나무를 보자 환호성을 지르며 그동안 종이접기를 하여 모아 놓은 상자를 꺼내 장식을 하고, 또 유리창에 비치도록 그 위로 달아 내립니다. 정말 아름답습니다.

모든 장식을 마친 후 그들은 무릎을 꿇고 기도합니다. 조심스러운 발소리가 들리고 그들의 기도가 끝나자 목사님의 축복기도가 이어집니다.

밤하늘에는 함박눈이 쏟아지고 있습니다.

축복기도 후 목사님이 모두에게 말합니다.

"모두 고생했습니다. 동해병원에서 동지팥죽을 넉넉하게 끓였다고 합니다. 가십시다."

"와!"

교회에 남아있던 아이들까지 모두 눈사람이 되어 동해병원으로 걸어갑니다. 정원 안에 있는 소나무 가지마다 눈꽃이 피었습니다.

따뜻한 방안에는 이미 동그란 상이 서너 개 펴 있고, 상 위에는 시원한 동치미와 잘 익은 김장 김치가 놓여 있습니다. 모두 둘러앉아 있는데 강 장로님이 들어옵니다. 모두 자리에서 일어나려 하자 손짓으로 만류하면서 말합니다.

"오늘 추운데 고생 많았습니다. 내일이 동짓날이지만 다 같이 먹으려고 하루 먼저 끓였어요."

"장로님, 고맙습니다."

"잘 먹겠습니다."

그렇게 목사님과 수고한 모든 교사들과 아이들이 상에 둘러앉아 팥죽을 먹습니다.

신혼인 최 선생님과 이 선생님도 나란히 앉아 먹습니다. 봉호와 헌직이도 맛있게 먹습니다. 강 집사님도 아이들과 같이 앉아 먹습니다.

그렇게 만경교회의 1949년 성탄절 준비가 끝났습니다.

성탄절 전날 저녁에 봉호는 어른들을 따라 교인들 집에 새벽 송을 부르러 다닙니다. 어머니는 봉호가 아직 어리다고 만류했지만, 몰래 어른들을 따라다니며 밤을 새워가며 새벽 송을 불렀습니다.

여 집사님들은 어린 봉호가 덜 춥도록 무리 한가운데서 새벽 송을 부르도록 배려해 주었습니다.

새벽 송을 마친 후에는 교회 사찰 댁에서 따뜻한 식사를 하고 헤어졌습니다.

새벽기도를 다녀온 어머니가 방문을 살짝 열어봅니다. 언제 왔는지 봉호는 세상모르고 자고 있습니다. 방문을 닫으며 어머니는 환하게 웃습니다.

"어젯밤 추운데 새벽 송을 돌고 오더니 고단했던 모양이구만."

드디어 성탄절이 되었습니다. 그날 밤에 아이들이 그동안 연습한 찬양과 무용을 선보이게 됩니다.

목사님의 축하 말씀과 간단한 인사가 끝나고 축하 순서가 되었습니다. 밖에는 함박눈이 내리는 아주 조용하고 아름다운 밤입니다.

교인들의 찬양이 교회당 안을 울립니다. 그 소리는 마치 하늘 끝까지 닿을 듯이 아주 힘차고 웅장합니다.

아이들이 이옥진 선생님의 오르간 반주에 맞춰 '고요한 밤 거룩한 밤'을 부릅니다.

2절이 경현이의 독창과 아이들의 합창으로 끝나고, 봉호와 헌직이가 3절을 부르기 시작하자 봉호 부모님은 마주보며 서로 미소를 짓습니다.

"잘 하네요."

"놀기만 하는 줄 알았는데 제법인 걸?"

'기쁘다 구주 오셨네'와 '탄일종이 땡땡땡'을 아주 잘 불렀습니다. 여자아이들도 무용을 잘 마무리합니다. 어른들까지 기분 좋은 성탄절 밤입니다.

목사님의 축도로 모든 예배가 끝났습니다.

마지막으로 봉호 아버지가 교회에 나오는 아이들이나 밖에서 기웃거리고 있는 아이들 모두에게 과자 서너 개와 귤이 든 작은 봉투를 골고루 나눠줍니다.

선물을 받아들고 아이들 모두 헤벌쭉합니다.

아이들은 밖에서 기다리는 아버지, 어머니와 함께 선물을 안고 기쁜 마음으로 함박눈이 쌓인 비탈길을 걸어 내려갑니다.

능제 저수지는 겨울에 언제나 아이들로 붐빕니다. 용지동의 아버지들은 소나무 가지들을 새끼줄로 묶어서 그것을 이용해 능제 저수지 위를 걸어갑니다. 저수지를 빙 돌아가는 것보다 꽁꽁 언 얼음 위를 걷는 것이 훨씬 가깝기 때문입니다.

음력 설날이 다가옵니다. 방앗간 안에는 가래떡이 하얗게 김을 올리며 물속으로 떨어져 나옵니다.

진담안집 부엌에도 여러 가지 음식들이 그득합니다. 할머니, 어머니, 작은어머니는 밤에 조금 굳은 가래떡을 썰면서 이야기를 나눕니다.

설날 아침에 때때옷을 입고 모두 차례로 세배를 합니다. 할아버지 주머니에서 돈이 나오자 모두 환하게 웃습니다. 그리고 동네어른들께 세배를 다니기 위해 우르르 문밖으로 몰려나갑니다. 겨울 날 해도 짧은데 추운 줄도 모르고 하루 종일 돌아다닙니다.

만경은 4일과 9일에 위 장터와 아래 장터로 나뉘어 장이 섭니다.

장날이면 군산 궁멀교회(현재 구암교회)를 섬기는 선교사 부위렴 목사님이 오십니다. 검정 차를 세워놓고 큰북을 치고 나팔을 불면, 그 소리를 듣고 모두 모여듭니다.

찬송은 '십자가 보혈로 죄 씻음 받기를 원하네'와 '찬송합시다'를 주로 부릅니다.

만경교회뿐 아니라 가실리교회, 대동교회에도 차량을 이용해 다니면서 전도에 힘썼습니다. 그런 인연으로 부위렴 목사님은 1915년부터 만경교회를 섬기게 되었는데 우리말을 잘 하셨다고 합니다.

여름방학 때가 되면 전주 신흥고보 학생들이 합창단을 조직하여 만경교회에 와서 음악예배를 드리기도 했습니다.

겨울이면 장년 교인들이 부위렴 목사님이 사역하는 군산의 궁멀교회 사경회에 다녀오기도 했습니다.

어느 해 궁멀교회 사경회 때는 저녁예배 시간이 끝나고 다들 잠자리에 들었는데 제일 나중에 들어오는 화선 성도에게 "화선이 불 좀 끄소." 했더니 화선 씨가 입으로 "후후!" 불었다는 에피소드도 있습니다.

1945년 일본 천황의 항복 선언으로 암울한 식민지 시대가 끝나고 조선은 해방이 됩니다. 그동안 이런저런 이유로 집을 떠났던 사람들이 하나둘 집으로 돌아왔습니다.

이승만 정부가 세워지고, 상해에서 김구 애국지사가 돌아왔습니다. 해방으로 국민들 모두 들떴습니다.

식민지 시대에 수탈당해 가난했던 살림살이도 점차 나아졌습니다. 온순한 사람들은 그렇게 하루하루를 지냈습니다.

1948년 새 정부가 들어서자 농림부장관은 토지개혁을 실시하여 부농들의 횡포에 지친 소작농들에게 토지를 분배해 주고 농사를 짓게 합니다. 그래서 부농들은 갑자기 많은 땅을 잃게 되었습니다. 시간이 흘러 가을이 되자 만경들판은 누렇게 색칠이 되고, 아이들은 메뚜기 떼를 따라 논배미들을 달렸습니다.

노을과 들판은 하나님이 그린 커다란 수채화입니다.

겨울이 가고 1950년 초봄이 왔습니다. 아이들은 새 학기를 맞아 새로운 담임선생님과 친구들을 만났습니다. 시골학교라서 모두 다 아는 얼굴들입니다.

보릿고개 복병을 맞는 봄에는 아이들의 얼굴도 누렇게 뜨고 농촌의 인심도 흉흉해집니다. 그래도 만경은 상황이 그렇게 나쁘진 않습니다.

능제 저수지의 물이 빠지면 말조개나 미꾸라지들이 아이들의 훌륭한 간식이 되었고, 붕어와 잉어에 쌀을 많이 넣어 끓인 어죽으로 배고픔을 해결할 수 있었습니다.

작은 산에 여기저기 진달래가 핀 4월에 만경교회는 부흥강사님을 모시고 집회를 열었습니다. 만경교회에 주신 하나님의 놀라운 은혜가 모든 성도들을 기쁘게 했습니다.

강 장로님 댁에서 부흥목사님 숙식을 모두 섬김의 손길로 해주셨고, 함께하지 못한 성도들도 여러 가지 찬거리들을 가져왔습니다.

봉호는 어머니 심부름으로 생합을 가지고 갔습니다. 윤 집사님이 맞아주십니다.

"봉호가 왔구나!"

"어머니 심부름 왔어요."

"아이고 이 귀한 걸 보내셨네. 고맙다고 전해드려라."

"예. 안녕히 계세요."

봉호는 인사를 꾸벅하고 집으로 돌아옵니다.

부흥목사님의 열정적인 말씀으로 만경교회의 부흥회는 성황리에 끝났습니다.

부흥회가 끝나고 부흥목사님, 담임목사님, 장로님과 전 교인이 모여 사진을 찍었습니다.

▲ 부흥강사님과 찬양대

그 후로는 주일마다 예배가 끝나도 바로 집으로 돌아가지 않고 교회 마당에 동그랗게 둘러앉아 성도들끼리 이야기꽃을 피웠으며 밝은 웃음소리가 오래도록 교회를 떠나지 않았습니다.

그 무렵이면 교회 꽃밭에는 수선화가 무리 지어 피어나고, 백합도 연둣빛 새싹이 올라옵니다.

만경면내의 봄은 아름답습니다.

봄 야외 예배주일이 되었습니다. 목사님과 장로님들과 온 교인이 능제 저수지 건너편에 있는 소나무 동산을 향해 도란도란 이야기하며 걸어갑니다. 무엇이 그리 좋은지 웃음소리가 끊이지 않습니다.

목사님의 짧은 말씀에 이어 성도들은 지휘자의 지휘에 맞춰 '참 아름다워라 주님의 세계는'을 큰소리로 합창합니다.

마침내 기다리던 점심시간이 되었습니다. 옹기종기 모여서 맛있는 밥도 먹고, 병에 든 사이다도 마시고, 사과도 깎아 먹으며 정말 오랜만에 봄볕이 따뜻한 곳에서 기분 좋은 시간을 보냈습니다.

아이들이 먹고 노는 동안에 고동순 선생님, 유금식 선생님, 곽옥정 선생님은 보물찾기를 위해 흩어져서 종이쪽지를 숨겼습니다.

고 선생님이 아이들을 모두 모이게 합니다.

"지금부터 보물찾기를 할 거다. 너희들이 맛있게 먹는 동안에 나와 선생님들이 숨겨놓은 쪽지를 찾아보아라."

"와!"

"잠깐만! 규칙이 하나 있다. 한 사람이 한 장만 찾는 거다. 많이 찾는다고 다 주진 않을 거야."

"예, 선생님."

아이들이 흩어져서 보물찾기를 시작합니다. 봉호도 헌직이랑 함께 찾으러 다닙니다. 해동이도 은동이도 경현 누나랑 영식이도 손을 꼭 잡고 찾아 나섭니다.

여기저기에서 "찾았다!" 소리가 들려옵니다.

봉호는 두 장이나 찾았습니다.

"봉호는 두 장이나 찾았네. 선생님이 한 장만 선물을 주신다고 했어."

"나도 알아. 못 찾은 애한테 주려고……."

"누구?"

"나도 모르지."

고 선생님의 호루라기 소리가 들려오자 보물찾기를 하고 있던 아이들이 모여듭니다.

"1번 누구?"

"저예요, 선생님."

6학년 누나가 공책과 연필을 받았습니다.

"2번!"

해동이가 손을 번쩍 들었습니다. 선생님이 다가와 공책을 건넵니다. 그렇게 모두 선물을 받았고, 선생님 손에 한 장만 남았습니다.

봉호는 아무것도 받지 못한 경현이에게 다가가 넌지시 종이쪽지를 쥐어줍니다.

"고마워."

경현이가 개미소리로 말하자 봉호가 씩 웃고 돌아섭니다.

선생님은 크레파스를 들고 12번을 외쳤습니다. 경현이가 12번입니다. 경현이가 손을 들자 선생님이 나오라고 손짓을 합니다. 선생님은 번호를 확인한 다음 경현이에게 크레파스를 줍니다.

경현이가 선물을 받아들고 인사하며 돌아섰고, 이로써 보물찾기가 끝났습니다.

이어서 부인회와 여 선생님과 찬양대원들의 수건돌리기가 시작되었습니다. 빙 둘러앉아서 하는 수건돌리기는 재미있습니다. 자기 뒤에 수건이 놓여 있는 줄도 모르고 앉아 있다가 걸리면 벌칙으로 노래를 불러야 합니다.

최정렬 신학생과 송은숙 신학생은 서울에서 신학교를 다니고 있어서 야외예배에 참석하지 못했습니다.

모두들 잔뜩 기대하고 기다리고 있는 것은 어른들의 달리기 시합입니다. 두 편으로 나눠서 달립니다.

권사님들이 달리고, 집사님들이 달리고, 마지막으로 장로님 두 분이 달리기 시작합니다. 모두 일어서서 목청껏 응원합니다.

그런데 갑자기 잘 달리던 두 분이 서로 엎치락뒤치락하며 달리기가 아닌 씨름을 하듯 샅바싸움을 합니다. 그러다가 다시 달리기를 합니다. 그 모습이 성도들에게 웃음을 선사합니다.

즐거운 마음으로 다함께 찬양하며 목사님의 축도로 야외예배를 끝냈습니다. 오순도순 손을 잡고 이야기하며 소나무 숲을 걸어 나옵니다.

들판의 벼들은 파랗게 색칠을 하고 하늘은 높고 떠가는 흰구름은 무척 아름답습니다.

산과 들에 하얀 찔레꽃이 향기를 날리고, 아카시아가 꿀벌들을 부르는 아름다운 초여름이 왔습니다.

담 너머로 작은 것이라도 서로 나눠먹던 시절이었습니다. 만경은 인심 좋은 전형적인 시골마을입니다.

최정렬 전도사님은 어머니 생신을 맞아 금요일 밤기차로 만경에 왔습니다. 새벽에 기차에서 내려 첫 버스로 만경에 도착해 아름다운 물안개가 피어오르는 능제 저수지를 바라보며 심호흡을 합니다.

마침 부엌에서 미역국을 끓이던 이 선생님은 발자국 소리에 부엌문을 열고 내다봅니다.

"어떻게? 학교는요?"

"수업도 없고 어머님 생신이라……."

아들 목소리가 들리자 방에 있던 어머니가 문을 열고 내다봅니다.

"어떻게 왔다냐?"

"어머님 생신이라서."

"그걸 기억하고 있었구나. 음력인데……."

"예."

최정렬 전도사님은 방으로 들어가 부모님께 큰절을 올립니다.

"어려운 공부하느라 고상한다."

"아닙니다."

그의 깜짝 방문에 부모님과 이 선생님은 반가워 어쩔 줄을 몰라 합니다.

"밤기차 타고 오니라 고생했다. 피곤한데 씻고 좀 쉬어라."

"예, 어머님."

건넌방으로 온 그는 미소 띤 얼굴로 방안을 둘러봅니다. 아직도 향긋한 아내의 냄새가 배어 있습니다.

어느새 이 선생님은 대야에 씻을 물을 가득 떠놓고 그를 부릅니다.

"나와서 세수해요."

"……"

그는 문을 열고 나오다 이 선생님과 눈이 마주칩니다. 사랑스러운 그녀는 여전히 앳된 모습입니다.

최 전도사님은 아침식사를 마치고 인사차 김 목사님 사택을 방문했습니다.

오는 길에 교회에 들르니 청년들이 청소를 하고 있습니다. 유금식 반사님이 반갑게 인사를 합니다.

"전도사님, 언제 오셨어요?"

"오늘이 어머님 생신이라서 어제 밤기차로 왔습니다."

"오후에 심포항에 가기로 했는데 이 선생님이랑 같이 오세요."

"몇 시까지 오면 됩니까?"

"3시에 모여요. 거기서 저녁식사도 해요. 해지는 것이 장관이잖아요."

"이따가 오겠습니다."

"자전거 타고 오세요."

"예."

청년들과 헤어져 집으로 돌아온 후 그는 점심도 거른 채 잠에 빠졌습니다. 눈을 떠보니 벌써 3시가 다 되어 갑니다.

"어서 교회로 갑시다. 아버님 자전거 있지요?"

"예. 근데 자전거는 왜요?"

"교회에서 청년들을 만났는데 자전거로 심포항에 간다며 우리도 같이 가잡니다."

"예."

최 전도사님은 자전거를 끌고 이 선생님과 함께 큰길을 건너갑니다. 동해병원 앞을 지나 약간 오르막길에 있는 교회로 갑니다.

최 전도사님은 자전거에 아내를 태우고, 고동순 반사님은 같은 동네 귀여운 소녀를 태우고, 김방서 선생님은 곽옥정 청년을 태웠습니다. 김제에 일이 있어 간 유금식 반사님은 오지 못했습니다.

심포항으로 가는 길을 따라 넓게 펼쳐진 연둣빛 들판은 아름답습니다. 거기에 부드러운 바람까지 불어와 달콤합니다.

그 길 위에 나란히 자전거를 타고 달리는 흰 저고리에 검정 통치마를 입은 모습들이 아름답습니다. 특히 이 선생님의 하얀 저고리의 깃, 끝동, 고름에 물린 금박이 예쁩니다.

심포항에는 작은 어시장이 섭니다. 바다는 출렁이고 갈매기가 하늘을 날고 있습니다. 해가 저물기 시작하자 배들은 삼삼오오 포구로 돌아옵니다.

그들은 안면이 있는 식당에 자전거를 세워놓고 걸어 나와 노을이 노랑주홍으로 빛나며 서해로 지는 풍경을 구경합니다.

일행은 바닷가를 거닐다 한순간 그대로 멈춰 섭니다. 둥그런 해가 빨갛고, 커다란 구슬이 되어 순식간에 바다로 들어가는 것을 보며 환호성을 지릅니다.

아름다운 노을은 모두에게 보여주는 특별한 하나님의 선물이었습니다.

그러나 그 평화로움은 이내 깨져 버리고 맙니다. 그 여름에 만경면내는 지독한 아픔 속으로 내몰려 버립니다.

6·25전쟁이 발발하고 한 달이 채 되지 않은 7월 19일. 그날 밤에 인민군들이 만경면내에 들어왔습니다. 모두 숨죽여 살아내야 할 시간들이 온 것입니다.

서로 화목하게 살았던 이웃들이 눈치를 보며 살아야 했고, 좌익사상과 우익사상이 충돌하게 되었습니다.

모두의 민낯이 드러나게 됩니다. 그러나 만경교회 성도들은 목사님을 중심으로 예배드리며 하나님의 은혜를 간구하며 기도했습니다.

여전히 교회 종소리가 울렸고, 8월 18일에 곽영욱 장로님이 소천하실 때까지 표면적으로 교회 상황은 평온했습니다. 그러나 장례가 끝난 후에는 그렇지 못했습니다.

그 70일간의 공포와 죽음의 강을 건넌 아픔을 가족 단위로, 반공혁명단원들로 구분하여 글을 쓰려고 합니다.

사랑의 귀한 종 김종한 목사 (1904~1950)

김종한 목사님은 1904년 10월 28일
전남 해남군 황산면 연당리에서 태어났
습니다. 어린 시절, 미국인 선교사를 만
나 주님을 알게 되었습니다.

일본으로 유학하여 오사카 상업중학교
를 졸업한 후 기독교에 온전히 귀의했습
니다. 동경에 있는 감리교파 아오야마 학
원에서 신학을 전공하고 귀국했습니다.

▲ 김종한 목사님

조선신학교를 제1회로 졸업했으며, 1943년 4월 3일에 목사안수를
받았습니다. 첫 번째 사역지는 황해도 "석탄교회"입니다. 석탄교회를
섬기면서 일제의 신사참배에 반대하고 교회를 섬긴 지 4년 만에 사임
하고 김제에 있는 가실리교회로 부임합니다.

신기리교회를 개척하고, 그 후 만경교회로 부임하여 순교할 때까지
충성스러운 하나님의 종으로 살았습니다.

사택은 교회에서 내려다보이는 능제 저수지 부근입니다. 아침마다
새벽기도를 마치고 돌아오는 길에 마주하는 물안개와 함께 이슬이 내
리는 아름다운 풍경은 그 자체가 그림입니다.

만경교회에서의 신앙의 굳건한 삶은 목사님이 이 세상에서 누린 가
장 아름다운 삶이었을 것이라 생각합니다.

해방된 후의 풍요로운 만경평야와 지척에 있는 서해는 하나님이 목사님에게 준 마지막 선물이었을 것입니다.

목사님은 만경교회가 목조건물이던 1948년 5월 1일에 4대 담임목사로 부임하여 1950년 9월 27일 순교하기까지 교회를 섬겼습니다.

공산군이 만경면을 장악하고 난 후 첫 번째 주일(7월 23일)에 목사님은 로마서 5장 1~5절 "환난 중에도 즐거워하라"는 말씀을 하셨습니다.

전쟁 중이라 어수선한 가운데도 믿음의 귀한 45명의 성도들이 예배에 참석했습니다.

7월 30일 주일에는 마태복음 5장 43~48절 "완전한 사랑"을 말씀하셨습니다. 예배 참석 인원은 45명이었습니다.

8월 6일에는 히브리서 2장 1~18절 "환난에 참으라"를 말씀하셨습니다. 예배 참석 인원이 34명으로 줄었습니다.

8월 13일에는 마태복음 24장 32~51절 "깨어 예비하라"를 말씀하셨습니다. 예배 참석 인원은 다시 늘어 47명이었습니다.

그동안 교회를 개척한 곽영욱 장로님의 영향으로 다른 교회에 비해 평안했으나 8월 18일에 곽 장로님이 세상을 떠나고 나서 교회 상황은 나빠졌습니다.

8월 20일에는 히브리서 2장 1~4절 "혹 잃어버릴까 조심하라"를 말씀하셨습니다. 참석 인원은 50명이었습니다.

8월 27일에는 빌립보서 1장 29절, 베드로전서 4장 12~19절 "참으라"를 말씀하셨으며, 참석 인원은 53명이었습니다.

9월 3일에는 빌립보서 3장 10~11절 "저희의 신앙을 본받자"를 말씀하셨습니다. 참석 인원은 52명이었습니다.

9월 10일에는 히브리서 13장 1~8절로 본문은 나와 있지만, 말씀의 제목은 없었습니다.

그리고 9월 12일에 성덕면 묘라리 인민군 중대본부로 끌려가셨습니다. 그 후 끌려간 김 목사님, 강 장로님, 하 집사님, 반공혁명단원이 취조를 받았습니다.

그러나 교회는 반공혁명단과 아무런 연관이 없음이 밝혀져 김 목사님, 강 장로님, 하 집사님은 '혐의 없음'으로 9월 14일에 귀가했습니다. 반공혁명단원들은 다른 청년단원들과 취조를 받다가 전주로 이송되었습니다.

9월 17일과 9월 24일 주일에는 심한 압박으로 예배를 드리지 못했습니다.

9월 26일. 그날은 명절인 추석이었습니다. 김 목사님은 새벽기도를 하면서 엎드렸는데 "지체 말고 양들을 데리고 떠나라. 환난이 임박하였다."라는 소리를 듣고 강 장로님에게 그 말을 전했습니다.

그러나 강 장로님은 "도피할 것 없다."며 집에 계시다가 김 목사님, 강 장로님, 강 집사님 세 분이 27일에 체포되어 함께 만경분주소에 구금되었습니다.

동해병원, 그 아름다운 섬김

▲ 강성진 장로님

▲ 강춘길 집사님

　강성진 장로님과 강춘길 집사님은 동해병원을 운영하면서 아버지는 한의사로, 아들은 양의사로 이웃들의 아픔을 사랑으로 치료했습니다.

　동해병원 마당에는 강 집사님이 만들어 놓은 정원이 있습니다. 소나무 몇 그루가 서 있고 우물도 있고 장독대도 있고 그 옆에는 텃밭도 있습니다.

　우물가에는 '수밀도'라 불리는 과즙이 많은 복숭아나무 한 그루가 서 있습니다. 얼마나 큰지 영식이는 그 나무에서 경현 누나와 술래잡기를 하면서 놀곤 했습니다.

　복숭아꽃이 필 때 마당은 환했습니다. 꽃이 너무 예뻐 달밤에는 윤 집사님도 서성이곤 합니다. 여름에 잘 익은 수밀도는 가족들 모두에게 맛있는 간식이 되었습니다.

　봄에는 윤 집사님과 백산 댁이 텃밭에 씨를 뿌립니다. 영식이와 경현 누나는 아침에 일어나 우물가에서 세수를 한 후 새싹이 나오기를 기다리며 텃밭으로 달려가 보곤 했습니다.

강 장로님은 평소 강 집사님과 가족들이 바빠서 제대로 나들이 한번 가지 못하는 것을 늘 안타깝게 생각하고 있었습니다.

개구리가 밤마다 요란스레 울고 장대비가 내려 능제 저수지에 물이 가득 찬 어느 날 저녁식사 때였습니다.

"다음 주에 하루 강 집사는 가족들과 심포리 바다라도 댕겨 와. 병원은 우리 내외가 지킬 테니."

"괜찮습니다, 아버님."

어머니가 말을 합니다.

"영식이도 경현이도 지 애비랑 어미랑 한번쯤은 놀아야지. 안 그러냐?"

"할머니. 나 아버지랑 놀러가고 싶어요."

"나도요."

▲ 강성진 장로님 장립식

경현 누나도 강 집사님 손을 잡고 흔듭니다.

강 집사님은 그만 웃어버립니다.

"토요일이 반공일이니 그날 가겠습니다."

"알았다. 병원 걱정은 말고 양방도 좋지만 한방도 병 잘 고친다."

"맞습니다."

그렇게 해서 5월 마지막 토요일에 가족 모두 시발택시를 불러 타고 심포항 바닷가로 놀러갔습니다.

택시기사 아저씨가 오후 5시에 내린 장소로 데리러 오기로 했습니다.

경현이와 영식이가 신나게 소나무 숲길을 달려갑니다.

두 아이의 모습에 강 집사님과 윤 집사님은 환하게 웃습니다.

"저리도 좋을까요?"

"그러게 말이오."

지금은 새만금 방조제로 그 작고 아름다운 바다는 수몰되었지만, 그때는 소나무가 우거지고 바닷가에는 부드러운 모래가 하얗게 펼쳐진 바다였습니다.

윤 집사님은 소나무 아래 왕골돗자리를 펼쳐놓고 가져 온 점심식사와 식구들이 벗어놓은 옷들을 한쪽으로 모으며 환하게 웃습니다.

영식이가 반바지를 입고 맨발로 아버지 손을 잡고 썰물이 빠지는 바닷가에서 서성입니다. 썰물에 사람들이 휩쓸려 갈 때도 있기 때문입니다.

어느새 경현이도 아버지의 손을 잡습니다. 서해 하늘 위로 갈매기가 날고, 썰물은 이제 멀리 가버렸습니다.

"우리 이제 들어가자."

아이들이 환하게 웃으며 아버지 손을 꼭 붙잡고 모래 위를 걸어갑니다. 윤 집사님은 오래도록 그들의 뒷모습을 좇아가며 빙그레 웃습니다.

윤 집사님은 문득 챙겨 온 호미를 주지 않은 것이 생각나 짐을 풀고 호미를 찾습니다.

"경현아. 호미 가지고 가야지."

"갈게요. 어머니."

경현 누나가 달려가서 호미 두 개를 가져옵니다. 모래가 끝나고 갯벌이 시작됩니다. 바람이 갯벌에 들어가 백합을 캐는 아이들 사이로 시원하게 지나갑니다. 아이들의 등에도 강 집사님의 등에도 따사로운 햇살이 비칩니다.

호미로 갯벌을 캐기 시작하자 어느새 죽합과 백합이 전깃줄로 짠 장바구니에 가득 찹니다.

"아버지, 나 배고파요. 밥 먹어요."

영식이가 강 집사님에게 말합니다.

"아버지도 배고프다. 우리 이제 나가자."

강 집사님은 장바구니를 들고 두 아이들과 함께 윤 집사님이 기다리는 소나무 숲길로 걸어갑니다.

"어머니. 조개 많이 잡았어요."

"그러게. 금세 이렇게나 많이 잡았네."

영식이가 윤 집사님 옆에 앉습니다.

"배고파요."

"벌써 점심시간이구나. 손은 어디서 씻고 와야 하지?"

주위를 둘러보던 강 집사님은 작은 어시장에 왕진을 왔던 기억이 나 아이들을 데리고 시장을 향해 걸어갑니다.

어시장 안에서 물이 담긴 양철 바께쓰를 들고 길가에 뿌리러 나온 아저씨가 강 집사님을 보고 반가워합니다.

"선상님께서 어쩐 일로 우리 동네에 오셨당가요이."

"아이들이랑 바람 쐬러 왔습니다."

"너그덜은 좋것다이. 선상님이 아버지라서."

"……"

두 아이는 강 집사님 뒤로 숨습니다. 아저씨는 길에 물을 뿌립니다.

"선상님. 뭐 필요한 것이 있능갑네요이."

"밥을 먹으려는데 갯벌에서 조개를 잡으니 손이 더러워서……물 좀 쓸 수 있을까요?"

"그러지라이. 여기서 잠깐만 지두려요이."

아저씨는 가게로 들어가 물을 양철 바께쓰에 반쯤 담아들고 나와 내어줍니다.

"고맙습니다. 어서 씻자. 어머니가 기다린다."

"예, 아버지."

경현 누나와 영식이가 손을 씻고 나자 강 집사님도 손을 씻고 남은 물을 길에 뿌립니다.

"잘 씻었습니다. 안녕히 계세요."

"아저씨 고맙습니다."

경현 누나가 인사를 합니다. 영식이도 고개를 숙입니다. 아저씨는 고개를 끄덕이며 강 집사님의 손을 잡고 가는 아이들의 뒷모습을 한참이나 바라봅니다.

그동안 윤 집사님은 장바구니 가득 잡은 백합과 바지락, 대나무처럼 긴 죽합을 바닷물에 담가놓고 돌아왔습니다.

네 식구는 아침에 싼 김밥을 먹으며 유리병에 담긴 사이다를 하나씩 들고 마십니다.

영식이가 말합니다.

"어머니. 우리 자주 놀러 와요. 너무 좋아요."

"그래요. 어머니."

경현 누나가 윤 집사님의 손을 잡고 조르듯이 말합니다. 5월의 하늘은 맑고 구름은 두둥실 흘러갑니다.

"아버지가 워낙 바쁘셔서……."

강 집사님이 그녀의 말을 받아 대꾸합니다.

"그래. 이제는 봄과 가을에 한 번씩 시간을 내보자."

"아버지 고맙습니다."

경현 누나가 말하자 영식이는 그냥 씩 웃습니다. 시간이 되어 택시 기사 아저씨가 강 집사님 가족을 태우러 왔습니다. 윤 집사님은 바닷물에 담가놓은 장바구니를 챙겨 나무로 만든 함지박에 담고 커다란 보자기로 잘 묶은 다음 택시에 싣습니다.

그날 저녁식사 때는 숯불을 피우고 강 집사님이 익숙한 솜씨로 백합과 죽합을 구워냅니다.

강 장로님과 할머니도 맛있게 잡수십니다. 물론, 온 가족이 다함께 모여 먹는 5월의 토요일 밤 저녁식사는 화기애애하고 참으로 즐거운 식사였습니다.

여름방학 숙제에 곤충채집이 있습니다. 아이들은 보릿단으로 통을 만들어 곤충 잡을 채비를 합니다. 영식이는 거의 집안에 있지만, 동네 형들이 숙제를 하기 위해 능제 저수지로 왕잠자리를 잡으러 간다기에 따라나섭니다. 영식이는 형들이 만든 통을 들고 왕잠자리를 잡기 위해 조심스레 걸어다니는 형들을 부지런히 따라다닙니다.

영식이는 경현 누나의 곤충채집 숙제를 위해서 예쁜 왕잠자리 몇 마리를 얻어서 기분 좋게 가지고 돌아왔습니다.

초가을에는 텃밭에 배추와 무를 심습니다. 윤 집사님과 백산 댁이 정성껏 물을 주면 소담스럽게 배추와 무가 자라납니다. 그 곁에 쪽파도 예쁘게 자라납니다.

김장 날이면 일을 도와주는 옆집 아저씨가 동해병원 안마당에 흙을 파고 땅속에 김장항아리 서너 개를 묻어줍니다.

윤 집사님은 김장할 준비를 합니다. 점심식사가 끝나고 교회 집사님들이 모두 모여 배추를 다듬고 절이기 시작합니다. 윤 집사님은 작고 예쁜 동치미 무를 땅속 항아리에 넣은 후 소금물을 붓고, 배, 사과, 쪽파, 배추를 깨끗한 짚으로 잘 묶어 넣습니다.

삭힌 고들빼기도 건져낸 후 씻어서 채반 위에 놓습니다.

다음 날 오전에 다시 모여 김장을 합니다. 경현 누나도 학교가 끝나고 돌아와 윤 집사님 곁에 앉습니다. 영식이도 누나 곁에 앉습니다.

"하나씩만 먹고 방으로 들어가. 집사님들 일하시는 데 방해되지 않게."

"예, 어머니."

"예, 어머니."

영식이가 누나를 따라 대답합니다.

"너 왜 누나 따라해?"

"그냥."

"자. 먹어봐."

"나 먼저."

"나 먼저."

윤 집사님이 웃으며 절인 작은 배춧잎에 버무린 속을 놓고 볶은 참깨를 묻혀 입에 하나씩 넣어줍니다. 받아먹는 모습이 꼭 귀여운 아기 참새 같습니다.

"맛있어요. 하나만 더."

"나도."

하나씩 더 얻어먹고 경현 누나는 영식이 손을 잡고 방으로 들어갑니다.

해가 지고 김장이 끝나갈 무렵이면 백산 댁은 미리 사다놓은 양지머리를 듬뿍 썰어 넣고 된장배춧국을 끓입니다.

김장이 끝나고 뒷설거지까지 마치고 나면 윤 집사님은 여러 집사님들이 집에서 가져 온 자배기에 김장 김치를 하나 가득 담아놓습니다.

집사님들이 머리에서 하얀 수건을 벗어 긴 앞치마를 털어냅니다. 장작불 위에서 구운 백합을 곁들여 맛있는 저녁식사를 마친 후 집사님들은 수건으로 똬리를 하여 머리에 자배기를 이고 동해병원 문을 나섭니다.

"집사님 간당게요이."

"모두들 고생 많았어요. 내일이 주일인데 오늘 힘들어서 예배에 늦을지 모르겠네요."

"집에 가면 이제 잘 일만 남았는디요이. 늦잠 자도 예배시간 늦지 않아요."

"예. 내일 교회에서 만나요. 조심해서 가요."

그해 김장을 마치고 모두 도란도란 이야기하면서 교회 앞을 지나 집으로 가는 인심 훈훈한 날들이었습니다.

1950년 1월 하순경에 윤숙병 집사님은 전주로 가서 영식이에게 줄 근사한 옷을 한 벌 샀습니다. 명절에도 설빔을 잘 해주지 않았는데 그해에는 영식이가 국민학교에 입학하기 때문에 특별히 옷을 산 것입니다. 경현이에게 줄 따뜻하고 예쁜 털옷도 삽니다.

만경으로 돌아온 윤 집사님은 보자기에서 옷을 꺼내 장롱에 넣으며 빙그레 웃습니다.

1950년 2월 14일, 윤 집사님은 다가오는 설날을 맞아 만경면내 시장엘 가려고 백산 댁과 함께 동해병원을 나섰습니다.

시장은 멀지 않아 윤 집사님이 앞장서고 백산 댁은 장바구니를 들고 뒤따라갑니다. 생선가게에는 갖가지 해산물이 가득합니다. 윤 집사님은 커다란 조기와 백합을 삽니다. 동태 포도 넉넉하게 뜨고 새우도 사서 장바구니에 담습니다.

"사모님, 집에다 놓고 와야것쏘이."

"그렇게 해요. 나는 정육점으로 가니 그리 와요."

"예."

백산 댁은 뒤돌아 종종걸음으로 동해병원을 향해 갑니다.

윤 집사님은 정육점에 들어가 걸려 있는 쇠고기를 보며 서 있습니다. 주인아저씨는 인사를 하며 말합니다.

"사모님, 육회거리가 신선하고 좋은디요이."

"육회거리는 저녁 무렵에 사러 올게요. 우선 국거리용 주세요."

"예. 그러지요이."

주인아저씨는 칼을 갈더니 능숙한 솜씨로 국거리용 고기를 썰어줍니다. 윤 집사님은 쇠갈고리에 꿰어 있는 갈비 한 짝을 삽니다. 이건 아무래도 남자가 들어야 할 것 같습니다.

"사모님, 제가 갔다 드리지라이."

"고맙습니다."

윤 집사님이 돈을 지불하고 있는데 백산 댁이 들어옵니다.

"백산 댁, 아저씨가 집으로 가져다주신답니다."

"예."

윤 집사님은 건어물상에서 명태 한 쾌와 오징어 한 축을 삽니다. 갈비를 토렴할 때 넣을 밤과 은행도 사고, 집으로 오는 길에 달걀 다섯 꾸러미도 삽니다.

백산 댁은 건어물을 머리에 이고 달걀 꾸러미를 조심스럽게 손에 들고 먼저 집으로 가서 물건들을 정리합니다.

그리고 윤 집사님은 과일가게로 가 홍옥 다섯 상자를 산 후 지갑에서 배달 보낼 주소를 적은 종이쪽지를 주인에게 건넵니다.

"사모님. 잘 전해 드리것써요이.

"예. 부탁합니다."

장보기를 끝내고 윤 집사님은 종종걸음으로 시장 길을 나와 동해병원 현관문을 열고 들어갑니다.

오후부터 윤 집사님과 백산 댁은 설날 준비로 바쁩니다. 한쪽에선 전을 부치느라 집안 가득 고소한 냄새가 진동합니다.

윤 집사님도 부엌에서 갈비를 굽고 양념을 더해 토렴을 합니다.

할머니는 며칠 전 생강을 넣고 식혜를 만들어 항아리에 가득 담아놓았습니다.

저녁식사 후 할머니, 윤 집사님, 백산 댁은 안방에서 미리 뽑아놓아 조금 굳은 가래떡을 썰고 있습니다.

"백산 댁은 설날 오전 일 끝나고 집에 댕겨 와."

"할머니. 고맙구만이라."

"그렇게 해요."

윤 집사님도 백산 댁을 보며 말합니다. 떡을 다 썰어서 부엌의 큰 항아리에 넣고 우물에서 물을 길어 붓습니다.

밤이 깊어가고 멀리 부엉이 우는 소리가 들려옵니다.

설날 아침이 되자 큰상에 가득 음식이 차려지고 온 가족이 둘러앉아 식사를 합니다.

강 장로님과 강 집사님이 좋아하는 육회가 먹음직스럽게 담겨 있고, 갈비찜이 유기그릇에 가득합니다. 정성스레 만든 산적도 놓여 있습니다.

사기냄비에는 강 집사님이 직접 만든 스키야키도 있어서 더욱 즐거운 아침식사가 되었습니다. 눈이 소복하게 쌓인 항아리에서 꺼낸 동치미도 시원하고 맛있습니다.

맛있는 설날 식사가 끝난 후 윤 집사님은 경현이와 영식이를 안방으로 따로 불러 옷을 줍니다.

"어머니, 새옷이네요?"

"그래. 올해 영식이가 학교에 입학하니까 선물로 미리 샀다. 너도 여기 있다."

윤 집사님은 경현이에게도 예쁜 털옷을 줍니다.

"어머니, 고맙습니다."

"영식아. 옷 갈아입고 어른들께 세배드리자."

"예, 어머니."

윤 집사님은 영식이와 경현이가 옷을 갈아입자 남매를 강 장로님과 할머니가 계시는 방으로 데려갑니다.

"아버님, 어머님. 아이들이 세배한답니다."

"그래. 어서 들어오너라."

아이들이 윤 집사님 뒤를 따라 들어옵니다.

아이들은 먼저 강 장로님과 할머니께 세배를 하고, 강 집사님과 윤 집사님에게도 세배를 합니다.

"오늘 경현이랑 영식이가 새옷을 입었구만이."

"어머님. 올해 영식이 입학식이 있어 먼저 샀습니다. 경현이 것도 샀고요."

"잘했구만. 우리 영식이 다 컸네잉. 핵교도 가고……."

"세뱃돈 받아라."

강 장로님이 아이들 머리를 쓰다듬으며 세뱃돈을 줍니다. 아이들은 세뱃돈을 받으며 환히 웃습니다. 강 집사님과 윤 집사님도 세뱃돈을 줍니다.

이때 밖에서 아이들의 웃음소리와 함께 은동이와 해동이의 목소리가 들려옵니다.

"장로님, 세배하러 왔어요."

"추운데 어서 들어오너라."

강 장로님 목소리에 우르르 몰려오는 발걸음소리가 들리고 잠시 후 문을 열며 두 아이가 들어옵니다.

"목사님 잘 계시냐?"

"예."

두 아이는 나란히 서서 두 손을 모으고 강 장로님과 할머니께 세배하고 강 집사님과 윤 집사님에게도 세배합니다. 강 장로님이 세뱃돈을 나눠주며 인자하게 웃습니다. 다른 어른들도 차례로 세뱃돈을 나눠줍니다. 아이들은 입꼬리를 올리며 환하게 웃습니다.

　"이제 니들도 나이 한 살 더 먹으니 하나님도 잘 믿고 공부도 잘해야 한다."

　"예, 장로님."

　"백산 댁한테 한 상 보라 해서 아이들 방으로 들여 보내라이."

　"알겠습니다, 어머님."

　"너희들은 경현이 방으로 가서 기다려라."

　"예!"

　아이들은 경현이를 따라서 방으로 갑니다. 부엌으로 간 윤 집사님은 백산 댁한테 상차림을 부탁한 후 사과를 깎기 시작합니다.

　그리고 쟁반에 과일과 전과 식혜를 차려 들고 경현이 방으로 갑니다.

　"아침은 먹고 왔을 테니 이것 먹고 놀아라."

　윤 집사님이 나가자 누구 눈치 볼 것 없이 달려들어 먹기 시작합니다.

　부엌에서는 백산 댁이 소쿠리에 여러 가지 음식을 담습니다. 혼자 사시는 노 권사님께 가져다 줄 따뜻한 아침상입니다.

　"잘하셨어요."

　"명절 때마다 하셔서요이."

　"맞아요. 혼자 사시니 이런 날은 정말……얼른 다 치우고 집에 갈 준비해요."

　"점심식사꺼정은 챙기고 가야지요이."

백산 댁은 음식들을 잘 챙겼는지 소쿠리 안을 다시 한 번 살펴봅니다.

"댕겨 올께요이."

"예."

백산 댁은 소쿠리를 두 손으로 조심스레 들고 집을 나섭니다.

그날 오후, 백산 댁은 일복은 걸어두고 깨끗한 한복을 입고 집으로 떠났습니다.

어느 날 오후, 영식이는 장작더미가 쌓인 곳 가까이에서 혼자 놀고 있었습니다.

강 집사님은 왕진을 갔다 돌아오는 길에 영식이의 목소리가 들리기에 그곳으로 가 보았습니다.

장작더미는 매우 위태롭게 보였습니다. 금방이라도 무너질 것 같았습니다.

"영식아, 너 거기서 놀면 안 돼. 위험하단 말이야."

강 집사님이 왕진가방을 내려놓고 큰소리로 나무랍니다. 언제나 인자하던 아버지의 모습이 아닙니다. 낯선 아버지의 모습에 영식이는 그만 "왕!" 하고 울음을 터뜨리고 맙니다.

아들의 울음소리를 듣고 방에 있던 윤 집사님이 나와 봅니다.

"우리 영식이가 뭐가 그리 서러울까?"

강 집사님은 왕진가방을 들고 병원으로 들어갑니다.

"어머니. 아버지가 장작 옆에서 놀지 말라고 야단치셨어요."

"그랬구나. 장작이 무너지면 다치니까 그러신 거지. 뚝 해라."

윤 집사님은 아들을 안아주며 등을 토닥여줍니다. 그때야 영식이는 울음을 그치고 방에 들어가 경현 누나 곁에 앉습니다.

방학이 곧 끝나가니까 경현이는 밀린 일기를 한꺼번에 쓰고 있습니다. 윤 집사님은 경현이가 일기 쓰는 모습을 보며 빙그레 웃습니다.

1950년 3월이 되어 영식이는 만경국민학교에 입학했습니다. 강 장로님과 할머니와 강 집사님에게 인사를 하고 윤 집사님 손을 잡고 학교로 갑니다.

앞서 가는 경현 누나 뒤를 새옷을 입고 란도셀(책가방)을 메고 천천히 걸어갔습니다.

윤 집사님은 비단두루마기에 여우목도리를 하고 영식이 손을 잡고 갑니다.

큰길만 건너면 바로 학교고 잘 아는 길이지만, 1학년 신입생들은 모두 부모님의 손을 잡고 학교로 갑니다.

날씨는 좀 춥지만 운동장에 들어서니 만국기가 휘날리고 있습니다. 담임선생님은 줄을 서 있는 아이들 사이를 돌아다니며 키 순서대로 자리를 바꿔 줍니다.

그렇게 영식이의 병아리 1학년이 시작되었습니다. 아이들은 담임선생님의 호루라기 소리에 발을 맞춰 교실로 들어갑니다. 부모님들은 교실 앞 복도에 서서 유리창으로 자기 아이들의 모습을 눈으로 좇으며 바라봅니다.

선생님이 교과서를 나눠주자 아이들은 책보자기에 소중하게 교과서를 쌉니다. 영식이도 란도셀을 열어 지급받은 교과서를 넣습니다.

선생님은 돌아다니며 일일이 이름표를 확인하고 아이들의 머리를 쓰다듬어줍니다.

입학식 날은 일과가 일찍 끝났습니다. 영식은 윤 집사님의 손을 잡고 집으로 돌아와 강 장로님 진료실 문을 두드립니다.

성경을 읽으시던 강 장로님은 들어서는 영식이를 바라보며 인자한 얼굴로 말합니다.

"학교 갔다 왔구나?"

"예, 할아버지."

"잘 다녀왔습니다. 아버님."

"그래. 날이 차가운데 어서 들어가거라."

윤 집사님과 영식이가 강 장로님 진료실을 나와 집안으로 들어갑니다.

강 장로님은 얼마 전부터 영식이에게 천자문을 가르치고 있습니다. 영식이는 천자문 공부가 지루하고 싫지만, 할아버지의 가르침이니 어쩔 수 없이 한문 공부를 합니다. 강 집사님은 그런 아들의 모습이 안쓰럽습니다.

그날도 할아버지가 부르니 마지못해 공부하러 들어가는 영식이를 강 집사님이 따라 들어갑니다.

"아버님. 지금 시대가 어느 땐데 그만 가르치시지요."

곰곰이 생각에 잠겨 계시던 할아버지가 입을 엽니다.

"그래? 그러면 어려운 한문 공부는 그만하자."

영식이는 하기 싫은 한문 공부를 그만하자는 말에 배시시 웃었습니다.

만경의 5월은 아름답습니다. 서쪽으로 지는 해도 처연하리만치 아름답습니다. 동해병원 정원에는 복숭아꽃이 피고, 밭에는 새싹이 연둣빛을 띠고 있습니다.

그해 6월이 다가왔습니다.

윤 집사님은 이번 단오에는 그네뛰기가 없다는 것을 동네 아주머니에게 듣고 올해는 제호탕을 많이 만들어 나눠야겠다고 생각했습니다.

강 장로님의 진료실 문을 두드립니다.

"아버님 저예요."

"들어오너라."

"예."

윤 집사님은 조용히 문을 열고 강 장로님 앞에 서서 말합니다.

"아버님. 13일이 단옷날인데 그네뛰기 행사를 하지 않는답니다. 제호탕을 많이 만들어야겠어요."

"그래라. 작년보다 배는 더 해야겠구나."

"아버님 힘드시지 않을까요?"

"힘들긴……내일까지 다 만들어 놓을 테니 유용하게 쓰거라."

"고맙습니다, 아버님."

다음 날 점심식사 후 강 장로님은 윤 집사님에게 제호탕 한약재를 건넵니다.

윤 집사님은 한약재를 두 손으로 받으며 고개를 숙입니다.

"수고하셨습니다, 아버님."

"아니다. 수고는 뭐. 다 우리 교인들 마실 건데……."

윤 집사님은 백산 댁과 함께 오매를 만들고 꿀을 넣고 중탕으로 오랫동안 끓였습니다. 제호탕은 설사와 기침에 효과가 좋으며 여름철 기력 보강에 탁월한 청량음료입니다.

그러나 6·25가 발발하고 7월 19일에 만경은 새로운 세상으로 바뀌어 모두 살얼음판을 걷는 어려운 생활을 하게 됩니다.

7월 19일 만경 장날에 인민군이 도착하지 않았는데 벌써 공산주의를 찬양하는 '붉은 깃발을 높이 들어라'가 울려 퍼지고 장날의 시장은 쑥대밭이 되었습니다.

강 집사님은 어린 딸을 데리러 부리나케 학교로 달려갔습니다. 경현이는 이미 조회 때 학교 분위기가 어수선해지자 학교를 빠져나가 집으로 갔다고 합니다.

딸의 행방을 확인한 후 자전거를 타고 아직 집에 오지 않은 아들을 찾으러 다니다 만경국민학교에서 만나게 되었습니다.

강 집사님은 한참을 달려 전부터 친분이 있는 참외밭 원두막에 영식이를 내려놓고 아무데도 가지 말고 아버지가 올 때까지 기다리라며 신신당부를 한 후 집으로 달려갔습니다.

그 넓은 참외밭 원두막에서 영식이는 홀로 두려움에 떨며 아버지를 기다리다가 잠이 들었습니다. 한낮의 땡볕이 내리쬐는 참외밭 주위는 무서우리만큼 조용했습니다.

강 집사님이 집에 돌아오자 아내 윤 집사님이 묻습니다.

"영식이는?"

"원두막에 있어. 모두 떠나야 해."

그리고 강 장로님이 계시는 진료실로 갑니다.

"아버님. 우리도 피해야 합니다."

"그래야 하냐?"

그렇게 모두는 영식이가 기다리고 있는 원두막으로 갑니다. 윤 집사님은 혼자 있는 아들을 보자 와락 끌어안습니다.

"우리 영식이 무서웠지?"

영식이는 윤 집사님 품으로 고개를 숙이고 폭 안겨듭니다. 온 가족이 원두막 주인집으로 갔습니다. 그 집에서도 사정이 여의치 않아 2~3일 후에는 다시 동해병원으로 돌아왔습니다.

"사모님, 전쟁이 끝나면 다시 오것구만이요이."
"어서 가 봐요. 차나 있을지 모르겠네요."
만경면내에서 백산까지는 6십 리가 넘는 거리라서 백산 댁은 아침 일찍 길을 떠났습니다.
그 후 윤 집사님은 아이들과 불안한 날들을 보내며 혼자 집안일을 했습니다.
그렇게 시간이 흐르고 7월 31일에 강 집사님은 6·25 전에 대한독립 촉성회 만경대동청년단장을 했다는 이유로 인민군에게 잡혀가 취조당하다가 3일 만에 석방되었습니다.
잡혀갔다 풀려난 후에도 강 집사님은 부상당한 인민군들의 치료를 마다하지 않았습니다. 인민군 소년들도 상처를 치료해 주는 강 집사님께 고마워하며 활짝 웃었습니다.
"고맙수다레, 의사 선생님요."
"그래. 약 잊지 말고 먹어라."
동해병원은 다시 환자들을 진료하기 시작했습니다. 인민군이든 만경사람이든 아픈 사람들은 이념을 초월하여 사랑으로 치료했습니다.
수술환자가 생기면 강 장로님과 강 집사님은 수술하기 전에 여호와 라파 치료의 하나님이 함께하시길 기도했습니다.
만경면내에서 동해병원의 명성은 높아지고 있었으나 평화로웠던 만경은 인민군의 통치 아래 서로의 모습에서 두려움을 느끼는 분위기가 되었습니다.

동해병원은 입구에서 강 집사님의 양의 진료실, 입원실, 강 장로님의 한의 진료실로 나누어져 있습니다.

병원 안 우물 곁에는 수밀도가 맛있게 익어가고 있습니다.

8월 4일에 동해병원에 들이닥친 청년들은 윤숙병 집사님을 체포했고, 진담안집 최남인 집사님도 체포하여 만경분주소로 데려갔습니다.

이화순 집사님과 이영수 집사님도 만경분주소로 잡혀가 반동분자라는 이유로 수없이 매를 맞고 취조를 당했습니다.

아마 교회를 다니기 때문에 공산주의와는 근본적으로 다른 사상이라 그랬을 것이라고 생각됩니다.

다음 날 네 분의 집사님들은 풀려나 각기 집으로 돌아왔지만, 윤 집사님은 그 일로 정신착란을 일으켰습니다. 그러나 시아버지 강 장로님이 지극정성으로 치료하여 다행히 빨리 회복되었습니다.

시어머니는 약을 달여서 며느리가 다 마실 때까지 그 앞에서 기다렸습니다.

"으찌 사람을 요맹키로 때릴 수 있다냐?"

"어머님 죄송해요. 제가 못난 탓입니다."

"그런 소리 말그라. 시상이 뭔가 잘못되어 가능구만이."

며느리가 약을 다 마시고 나면, 강 장로님은 뜸을 놓아주고 멍든 얼굴을 쓰다듬어주었습니다.

영식이는 윤 집사님 곁을 떠나지 않고 얼굴을 부비고 손을 잡아주었습니다. 경현이도 윤 집사님 손을 자신의 얼굴에 갖다 대고 위로했습니다. 그런 아이들을 보며 윤 집사님은 마음속으로 다짐했습니다.

'내가 죽으면 이 어린 것들을 누가 살피나. 어서 털고 일어나야지.'

자신도 모르게 눈물이 주르르 흘러내렸습니다. 윤 집사님은 두 팔로 영식이와 경현이를 꼭 끌어안습니다.

그래도 동해병원은 여전히 환자들을 돌보고 있습니다.

어느 날 해질 무렵, 여성동맹위원장 박수남이 조심스레 병원 문을 열고 들어왔습니다.

"선생님. 안에 계세요?"

강 집사님이 인기척을 내며 모습을 드러내자 다소곳하게 인사를 합니다.

"선생님. 진찰을 받고 싶어서요."

"들어와요."

박수남이 강 집사님을 따라 진료실로 들어갑니다.

"선생님. 만경학교 다닐 때 철봉에서 놀다 떨어져 팔을 잘 쓰지 못해요. 치료방법이 있을까요?"

강 집사님은 그녀의 팔을 보고 고개를 갸웃하더니 손짓으로 기다리라며 문을 열고 나갑니다.

발소리가 멀어지고 문 여닫는 소리가 난 후 강 장로님과 함께 들어옵니다.

"어디가 아픈 거요?"

"이 팔 뒤꿈치가 접혀지질 않아요. 선생님."

강 장로님은 팔 상태를 유심히 바라보더니 그녀를 바라보며 말합니다.

"너무 오래돼서 정상으로 되돌아가긴 힘들고……한방으로 치료해 봅시다. 지금보다 훨씬 좋아질 거요."

"선생님, 고맙습니다."

만경분주소에 있을 때의 그 차가움은 어느새 사라지고 강 장로님에게 일어나 허리를 굽혀 인사를 합니다.

"앉아요. 침을 맞는 게 체력 소모가 많이 되니 매일은 어렵고 하루 걸러 오도록 해요."

"고맙습니다, 선생님."

"여긴 아들이 치료하는 병실이니 내 방으로 갑시다."

강 장로님이 일어나자 박수남이 강 집사님에게 인사를 하고 방을 나섭니다. 복도를 지나 한방 진료실 문을 열고 들어섰습니다.

천장에는 한약들이 주렁주렁 매달려 있고 한쪽 면에는 한약 재료들을 넣는 한약서랍장이 빼곡합니다. 강 장로님은 그녀를 방 한쪽에 있는 이불 위에 눕게 한 후 아픈 팔을 내밀게 하여 침을 놓습니다.

그녀가 침 맞을 동안 강 장로님은 넓은 방석에 앉더니 한 재 지을 분량의 약재 담을 종이들을 쭉 늘어놓고 한약서랍을 열고 약재를 꺼내 저울에 달아 조금씩 놓습니다.

"선생님, 한약은 하루에 몇 번 먹어야 하나요?"

"세 번 먹으면 좋지만 여의치 않으면 조석으로 두 번 먹어요."

"고맙습니다."

"우선 한 재만 먹어봐요. 조급하게 생각하지 말고."

"예. 이제껏 아무것도 하지 않아서……."

"시간이 되었으니 침 뺍시다."

강 장로님은 그녀의 팔에 놓은 침을 모두 빼고 어쩌다 피가 맺혀 있는 곳을 약솜으로 닦아줍니다.

"선생님. 시원한 느낌이 들어요."

"차차 좋아질 거요."

그 후로 박수남은 이틀에 한 번은 꼭 동해병원을 찾아 치료를 받았습니다. 그때마다 언제나 밝은 얼굴로 병원 문을 나섭니다.

곽영욱 장로님이 생존해 계실 때 만경교회는 주일예배와 수요예배도 빠짐없이 드렸습니다. 교회의 큰 어른이 인민군들의 방패막이가 되어주었기 때문입니다.

그러나 전쟁으로 그 수더분한 사람들도 마음이 변한 건지 서로 모르는 사람들처럼 서먹서먹해졌습니다.

그렇게 불안한 날들이 지나는 가운데 강 집사님은 군산 쪽 인민군을 막는다며 참전했습니다. 그러나 전투에서 퇴각하고 다시 병원으로 돌아왔습니다.

그 일로 강 집사님은 다시 구속되었고, 전쟁 통이라 환자가 더 많아졌지만 마땅히 치료할 의사가 없어서 군산에서 의사를 데려와야 했습니다.

하지만 젊은 의사가 경험 부족으로 제대로 치료하지 못하자 환자들이 들고 일어났습니다. 만경분주소를 찾아가 큰소리로 항의합니다.

"강 집사를 내 놔라. 그 의사가 치료를 해야 잘 낫는다."

"맞당께. 워디 계신당가이."

"다 죽것구만이."

동네사람들이 몰려와 아우성을 쳤습니다. 그러자 그들끼리 머리를 맞대고 의논을 하더니 군산에서 온 의사를 돌려보냈습니다. 그때부터 강 집사님은 낮에는 풀려나서 사람들을 치료하고, 밤에는 다시 구속되는 기막힌 시간들을 보내게 되었습니다.

9월 12일 오전에 김 목사님과 인민군이 동해병원 앞에서 강 장로님을 불러내자 강 집사님이 일어나 윤 집사님을 찾습니다.

"혹시 아버님이 돌아가실지도 모르니 노란 양말을 신겨드려요."

윤 집사님이 얼른 장롱에서 노란 양말을 찾아 신겨드립니다.

"나는 아무래도 괜찮다. 너희들이나 조심해라."

모두 강 장로님을 울먹이며 보내드렸습니다. 가는 길에 하 집사님을 태워 세 사람은 성덕면 묘라리로 이송되었습니다.

그곳에는 만경교회 청년들이 먼저 와 있었습니다. 모두들 놀라서 얼굴만 바라보았습니다. 그날 아침 새벽에 청년들을 압송한 인민군들은 김제지역의 반공혁명단원 중 만경면에서 10명을 찾아내 체포한 것입니다.

그 중에 최정렬 전도사님, 송은숙 반사님, 유금식 반사님, 곽옥정 반사님이 입단했다는 정보를 입수하고 새벽에 그들을 체포한 것입니다.

그리고 수사를 진행하다 보니 청년들이 만경교회 청년들인지라 세 사람의 교회 어른들을 체포한 것입니다.

그러나 반공혁명단 조직은 비밀리에 진행되어 교회 어른들은 무관한 일이었으므로 체포 이틀 만에 모두 집으로 돌려보냈습니다.

만경교회는 한여름인데도 모두 살얼음판을 걷는 기분이었습니다. 끌려간 청년들의 어머니와 뜻있는 교회 집사님들은 교회에 모여 청년들이 모두 무사히 석방되도록 기도했습니다.

추석 명절이 돌아와도 전쟁 중이라 이전과 같은 풍요로움은 찾아볼 수 없습니다. 두려움이 장악한 만경은 이제 골목길에서 마주쳐도 서로 피해버리는 지경이 되었습니다.

추석날 아침에 김 목사님과 인민군이 또다시 동해병원 앞에 나타났습니다. 아침식사를 마친 강 장로님과 강 집사님을 체포해 만경분주소로 데려갔습니다.

만경분주소에서 박수남은 체포되어 온 강 장로님께 눈인사를 합니다. 분위기가 심상치 않습니다.

노을이 물드는 시각에 그녀는 그곳을 나와 동해병원으로 걸어갑니다.

윤 집사님 가족과 김 목사님 가족이 함께 저녁식사를 하고 있습니다.

"사모님, 저 왔어요."

박수남의 목소리를 듣고 윤 집사님이 방문을 열고 나갑니다.

"무슨 일이지요?"

그녀는 와락 윤 집사님의 손을 잡고 말합니다.

"사모님, 이 식구라도 살리면 어서 피난 가야 합니다."

"고맙습니다."

"사모님, 바로 떠나셔야 합니다. 강 장로님도 강 집사님도 무사치 못할 것 같습니다."

"이게 무슨 날벼락이냐? 너희들 얼른 일어나 짐 챙겨라."

"어서 피하세요. 저는 이만 가보겠습니다."

"알려줘 고마워요."

추석날 밤의 달도 먹구름 속에 논배미 길을 걷는 김 목사님 가족과 강 장로님 가족을 비춰주지 못했습니다.

만경들판의 논배미 길이 얼마나 넓은지 밤새 걷고 또 걸었지만, 아침 동이 터올 무렵에 보니 같은 길을 빙빙 돌기만 했습니다. 논배미 길의 좁은 논둑길을 논으로 빠져가면서 걸었지만, 결국 만경들판을 빠져나가지 못했던 것입니다. 윤 집사님 가족과 김 목사님 가족은 모두 다리에 힘이 풀려 그 자리에 주저앉고 말았습니다.

멀리 보이는 외딴집에 무작정 찾아 들어갔고, 영식이는 난생처음 죽 같은 것을 먹게 되었는데 끝내 목으로 넘기지를 못했습니다. 9월

27일에 그 집으로 돈이 없어 병원비를 갚지 못한 한 아저씨가 찾아왔습니다.

윤 집사님만 빼고 두 가족은 얼른 부엌으로 숨었고, 윤 집사님 혼자 그 아저씨와 방에서 이야기를 나누었습니다.

"사모님, 영식이를 제게 맡겨주시면 잘 데리고 있다가 전쟁이 끝나면 같이 오겠습니다."

"뭐라고요? 우리 영식이를 보호했다가 데려다 주겠다고요?"

"예, 사모님."

"그냥 가세요. 우리는 죽어도 같이 죽고 살아도 같이 삽니다."

"그네들이 마지막 발악을 하는 것 같은데 그들 눈에 띄면 위험합니다."

"보아하니 같은 패 같소. 어서 그냥 돌아가세요."

윤 집사님의 서슬 퍼런 말에 아저씨는 그냥 돌아갔고, 부엌에 숨어 있던 윤 집사님 가족과 김 목사님 가족은 불안한 마음에 가슴을 졸였습니다. 그들은 집으로 돌아가기로 결정하고 논배미 길을 다시 걸어갔습니다.

느티나무와 소년

▲ 유상덕 집사님

▲ 최남인 집사님

▲ 송창호

해방 전 만경교회는 온 성도들이 믿음을 지키기 위해 서로 사랑하고 도우며 어려운 시기를 잘 이겨냈습니다.

송씨 가문도 그곳에서 부농으로 살았으며, 유상덕 집사님도 다복한 진담안집 식솔들을 잘 이끌었습니다.

이들은 만경교회를 올려다보며 신앙을 지키고 잘 살고 있었습니다. 아들의 혼인식이 다가왔습니다. 며느리 될 사람이 반주자를 할 수 있다고 해서 교회에서는 이 기회에 오래되어 낡고 잡음이 나는 4옥타브 오르간을 바꾸자는 의견이 나왔습니다.

5옥타브 미키 오르간을 사야 한다고 뜻을 모으고 여전도회를 중심으로 손수건을 만들어 판매하는 등 방법을 모색하며 새 오르간을 산다는 기대감에 모두 힘을 모았습니다.

주일예배가 끝나면 여전도회 회원들은 잠시 시간을 내어 광목을 손수건 크기로 잘라 작은 꽃들을 수놓았습니다.

▲ 만경교회 여전도회

모두들 열심히 수를 놓았고 자신들이 만든 손수건을 네 번으로 접어 수가 보이게 했습니다. 먼저 자신들이 솔선수범하여 손수건을 샀고, 믿지 않는 이웃들이나 친지들에게 팔았습니다.

그 수익금을 들고 교회 지휘자로 수고하던 송 집사님과 함께 군산에 가 당시 금액으로 10원에 오르간을 구입했습니다. 교회 성가대 앞에 새 오르간이 놓이고 목사님과 곽 장로님, 성가대원들이 모였습니다.

결혼한 최남인 성도가 찬송가 '구주의 십자가 보혈로'를 반주하고, 그들 모두 함께 합창을 했습니다. 익히 들어온 찬송가로 현재 250장입니다.

그 시절에 만경 인근에는 만경교회, 가실리교회, 대동교회가 있었습니다. 여름방학 때는 전주 신흥고보 학생들이 합창단을 조직해 만경지방 교회에 와서 음악예배를 드리곤 했습니다.

전쟁 막바지로 접어들던 1938년에 학교에서 조선어 교과서가 자취를 감추고 말았습니다. 그 후 교회 주일학교에서도 조선어 가르치는 것이 금지되었습니다.

소학교에서도 일본어 상용카드를 만들어 주었고, 친구끼리 말하다가 조선말이 나오면 벌을 받았습니다.

그즈음에 종교적인 탄압이 있어 만경교회 동산 밑에 일본신사를 짓고 만경공립보통학교에 다니는 학생들에게 등하교 때마다 절을 하라고 강요했습니다.

신사참배는 일본인들의 종교입니다.

그들은 새해에 신사에 가서 예를 올릴 뿐 아니라 수시로 신사에 가서 예를 올립니다.

오래전 우리네 어머니들이 수시로 절을 오간 것처럼 신사참배는 일본인들의 일상이 되었습니다.

그러나 하나님을 믿는 조선의 신앙인들에게는 너무나 혹독한 재앙이었습니다.

그 때문에 주기철 목사님을 비롯해 많은 목사님들이 순교했습니다.

그 후 1940년 2월 11일부터 8월 11일까지 6개월 동안 '내선일체'라는 명분으로 성까지도 바꾸라는 일본의 '창씨개명'이 시작되었습니다.

진담안집 할아버지는 날선 반응을 보였습니다. 그리고 방바닥을 손으로 내리치며 분노했습니다.

"뭣이라고? 성을 바꾸라는 것이 뭐여. 시방?"

"아버님, 창씨개명하지 않으면 호적에 아이를 못 올린답니다."

"누가 그려? 조상이 물려준 성을 어떻게 바꾸라고……."

"이 나라가 지금……."

"못 바꾼다. 절대로."

할아버지의 불호령에 아버지는 뒷걸음질 치며 방을 나왔습니다. 토방 아래서 아들을 안고 있던 어머니는 그 모습에 말없이 부엌으로 들어갑니다.

그렇게 시간이 흐르고 백일이 지나서야 할아버지 방에 다시 들어간

아버지와 어머니는 무릎을 꿇고 말했습니다.

"아버님. 이제 백일도 지났으니 호적에……."

"또 그 말이냐?"

"죄송합니다."

"아버님. 창씨개명을 하지 않으면 호적에 올리지도 못하고 학교도 못 간다 합니다."

"아버님, 다시 생각해 주십시오."

옆에 앉아 있던 할머니가 말을 보탰습니다.

"영감. 이제 우리는 살만치 살았승께 그냥 있고, 자석들 앞길은 막지 않아야 하지 않것쏘이."

"언젠가 해방이 될턴디……."

"어느 세월에……언제꺼정 지두린다요이."

"……조상님들을 어찌 뵐꼬?"

할아버지는 혼잣말을 하며 옷소매로 눈물을 훔쳤습니다. 그렇습니다. 창씨개명……세상이 뒤집힐 일입니다.

그 길로 할아버지는 옷을 다 챙겨 입고 조상들이 묻힌 선산에 가서 절을 하고 무릎을 꿇었습니다.

할아버지의 어깨가 차츰 들썩여 움직이더니 무덤 앞 시퍼런 풀들을 맨손으로 피가 나도록 뜯으며 꺼이꺼이 웁니다.

해가 저물어 어둠이 내리고 지척을 분간할 수 없는 캄캄한 밤이 되어서야 할아버지는 일어나 큰절을 하고 선산을 떠났습니다.

밤하늘엔 별들이 총총히 떴지만 달은 뜨지 않은 어둠속을 할아버지는 천천히 걸어내려 옵니다.

오후에 집을 나간 후 어둠이 밀려와도 오지 않는 할아버지 걱정에 진담안집 할머니는 저녁식사도 거른 채 눈이 빠지게 할아버지를 기다립니다.

대문을 밀치는 소리에 할머니가 방문을 엽니다. 마당을 가로질러 오는 할아버지의 발걸음에 힘이 없어 보입니다.

할머니는 토방에 내려와 할아버지를 부축하여 방으로 들어갑니다. 아버지와 어머니도 방에서 나와 할아버지와 할머니의 뒷모습을 바라봅니다.

다음 날 아침식사가 끝나고 할아버지 방에 온 가족이 모였습니다. 아들은 어머니 품에서 새근새근 잠자고 있습니다.

"아가야. 손자 한 번 안아보자."

"예, 아버님."

손자를 얼른 할아버지에게 안겨줍니다.

"허. 이놈 봐라. 잘도 잔다."

"……"

"……"

"어제 선산에 가서 말씀드리고 왔다. 호적에 올려야 하니 창씨개명을 하겠다고……."

"……"

"……"

"……"

"내가 조상님 얼굴을 어찌 뵐꼬?"

"죄송합니다, 아버님."

"아니다. 이제 나가 봐라."

"예."

두 사람은 아들을 건네받아 안고 방을 나왔습니다. 할아버지가 할머니의 손을 맞잡고 눈물을 글썽입니다.

가을에 만경들판의 그 많은 수확량도 일본인들에게 거의 빼앗기고 나면 모두 다 형편이 어려워집니다.

1945년 8월 15일, 마침내 미국이 일본 본토에 원자폭탄 두 개를 떨어뜨려 일본은 무조건 항복을 했습니다. 그리고 이 땅에서 살아온 일본인들은 일본으로 돌아가야 했습니다.

만경에 일본인 남자와 살던 조선인 여자가 있었습니다. 물론, 자식들도 있습니다.

그런데 어느 날, 동네사람들이 일본인 남자를 집밖으로 불러내 때려죽였습니다.

그 소문은 입에서 입으로 만경면내에 퍼졌습니다.

"어머님. 옆 동네에 살던 일본 사람을 사람들이 때려죽였다 하네요."

"그게 무슨 소리다냐? 사람을 죽였다고?"

"예."

"아무리 그래도 그 사람이 무신 죄가 있다고. 시상이 변했다 해도 목심을……."

그동안 일본에게 당하고 살았던 것이 얼마나 분하고 억울했으면 그렇게 했을까 싶지만, 그건 잘못된 일이라고 할머니는 혀를 끌끌 찼습니다.

진담안집에도 사건이 났습니다. 막내아들이 일본인의 문구점에 취직해 일을 하고 있었습니다.

해방이 되자 그 일본인이 본국으로 돌아가면서 자신의 전 재산을

이 집 막내아들에게 주고 갔습니다.

그 소문이 돌자 동네 불량배들이 맏형을 불러내 데리고 갔습니다. 친구들과 놀다가 돌아온 소년 봉호를 보자 어머니는 얼른 마당 한쪽으로 그를 데려가 말했습니다.

"봉호야. 아저씨들이 아버지를 지금 막 데려갔다. 얼른 따라가 봐라."

"예, 어머니."

봉호는 대문을 나서서 큰길로 달려갔습니다. 아버지를 앞세우고 네댓 명의 아저씨들이 뒤따라갔습니다.

우체국을 지나 만경분주소 옆 도로변에 있는 부잣집 창고로 아버지를 끌고 가더니 발로 차고 몽둥이로 두들겨 팼습니다. 어린 봉호는 어쩔 줄 몰라 했지만, 할 수 있는 일이 없었습니다.

"니 동생에게 준 재산 내놓을래, 안 내놓을래?"

"그거 동생 꺼지. 내꺼 아녀."

"이놈이 그랑께. 못 내놓것다 이거여? 아직도 덜 맞았구만이. 야 뭣허냐. 흠씬 두들겨 패자."

"……"

그들이 다시 몽둥이로 아버지를 때리기 시작합니다. 얼마나 아플까요? 어린 봉호는 아버지가 피투성이가 되어가는 모습을 보고 그저 눈물만 뚝뚝 흘릴 뿐입니다.

소란이 일어나자 구경꾼들이 하나둘 모여들었습니다. 구경꾼들은 왜 때리는 것을 말리지 않고 있는 것일까요?

그들은 맞는 이가 누군지, 때리는 이가 누군지 잘 알고 있으면서도 말리지 않았습니다.

"야. 이놈들아 가져가라. 가져가."

"이제 그만……진즉 그럴 것이지."

아버지가 매에 못 이겨 다 가져가라고 소리치자 주동자가 씩 웃으며 의기양양하게 몽둥이를 던져버린 후 패거리를 이끌고 창고를 떠났습니다. 봉호는 쓰러져 있는 아버지에게 달려가 아버지를 끌어안습니다.

"아버지!"

"그려. 왔구나."

아버지와 봉호는 서로 붙잡고 천천히 발걸음을 옮겼습니다. 구경꾼들은 그들이 갈 수 있도록 길을 비켜주었습니다.

그렇게 문구점 재산은 그들에게 넘어갔고, 막내 삼촌은 군산 비행장에 입대해 집을 떠났습니다.

그 후 아버지는 어머니와 함께 교회를 가실리교회로 옮겼습니다. 만경교회에서 같이 은혜를 받던 성도들의 가족이 앞장서서 횡포를 부린 것에 인간적인 배신감을 느껴 교회를 옮긴 것입니다.

그러나 어머니는 적응을 하지 못하고 만경교회로 다시 옮겼지만, 아버지는 쭉 가실리교회를 다녔습니다.

1948년 이승만 정부가 들어섰고 38선을 두고 남한정부와 북한정부가 들어섰습니다. 해방의 기쁨도 잠시 우리나라는 분단되는 억장이 무너지는 큰 아픔을 서로 짊어지게 되었습니다.

진담안집은 부농이라 드넓은 논을 소작농으로 경작하고 있었습니다. 할아버지는 가을이면 6대 4로 분배했는데 5대 5에 비하면 더 받은 셈입니다.

가을걷이가 끝나고 겨울이 오면 몇몇 동네사람들은 어렵게 번 돈을 사랑방에서 노름으로 다 잃어버리고 홧김에 술을 많이 마시고 밤늦게

귀가를 합니다.

겨울에는 함박눈이 쏟아져 능제 저수지도 온 세상도 하얗게 변합니다. 그날 밤 김 서방은 남편이 들어오기 전에 잠들었다며 애꿎은 아내만 두들겨 팼습니다.

조용한 한밤중에 아낙네의 울부짖음이 만경면 작은 동네의 사람들을 다 깨웠습니다.

다음 날 할머니는 햇살이 퍼지는 시각에 이층장 반닫이 깊숙이에서 할아버지가 준 용돈을 모아둔 무명수건을 꺼내 둘둘 말아 속주머니에 넣고 김 서방네 작은 집 사립문을 열고 들어섭니다.

"부엌에 있능가?"

부엌에서 솔가지를 뚝뚝 꺾어 불을 때던 김 서방 안식구가 인기척 소리에 부엌문을 열고 밖을 내다보다가 할머니께 인사를 합니다.

"추운데 어떻게 오셨써요이?"

"……"

"방으로 들어가셔야 하는디."

"괜찮네. 김 서방 아직 자고 있능가?"

"예."

할머니는 부엌으로 들어가 안식구의 손을 붙잡습니다. 손등은 터지고 거칠거칠합니다. 산에서 솔잎을 긁어모아 땔감을 마련하고 남의 집 큰일이 있으면 가리지 않고 여기저기 다니면서 일을 합니다.

할머니는 아낙이 그렇게 해야만 겨우 아이들과 입에 풀칠하며 살 수 있다는 것을 잘 압니다. 할머니는 속주머니에 손을 넣어 무명수건을 꺼내 아낙의 손에 쥐어줍니다.

"김 서방한테는 말하지 말고 잘 두었다가 요긴하게 써. 아이들 배끓리지 말고."

아낙은 할머니의 손을 맞잡고 그저 눈물만 흘립니다.

"이제 가봐야겄네."

할머니는 부엌을 나서며 아낙의 등을 토닥여줍니다.

"예."

그래도 무심하게 힘든 세월은 흘러갔습니다.

봉호는 기쁜 성탄절을 맞이합니다.

성탄절 전날에 저녁밥을 실컷 먹은 봉호는 교회 집사님들과 새벽 송을 돌기로 약속이 되어 있습니다.

어머니는 춥다며 말렸지만, 슬그머니 집을 빠져나와 새벽 송을 도는 어른들과 함께 정당리 대덕부터 시작하여 '기쁘다 구주 오셨네' 찬송을 목청껏 불렀습니다.

몽산리에 들른 후 추운 바닷바람이 불어오는 화포리에서 찬양하고 다시 걷기 시작했습니다.

밤하늘에는 수많은 별들이 마치 그들을 축복하는 듯했고 은하수도 빛났습니다. 송상리로 가는 길에 어른들은 봉호가 추울까 봐 일행의 가운데로 들어가게 한 후 빙 둘러싸고 걸었습니다.

송상리에서 찬양을 하고 장산리 용지동에 가서 다시 힘 있게 찬양을 부른 후 꽁꽁 언 능제 저수지를 가로질러 교회로 돌아왔습니다.

밖에서 몇 시간을 떨면서 찬양했던 그들은 사찰집사님 댁 따뜻한 방에 차려진 이른 아침밥을 먹고 각자 집으로 돌아갔습니다.

최 집사님은 새벽기도를 마치고 집에 돌아와서 어젯밤에 새벽 송을 돌러 나간 봉호가 들어왔는지 확인하기 위해 방문을 열고 들여다봅니다. 아들은 깊이 잠들어 있습니다.

1950년이 밝았습니다. 설날도 지나가고 정월대보름날이 돌아왔습니다.

"헌직아, 깡통 좀 보자."

"뭣 땜시 그려."

"아니 한 번만 보잔께."

봉호는 헌직이의 깡통을 살펴본 후 놀면서 주워온 빈 깡통을 세워 놓고 바닥에 못으로 구멍을 뚫습니다. 그리고 호호 손을 불어가면서 철사로 손잡이를 만들어 깡통에 끼웁니다.

"헌직아, 다 만들었다. 저녁 먹고 다시 만나자."

"그려. 나 간다이."

헌직이가 깡통을 보물처럼 가지고 집으로 갑니다. 보름달이 뜨면 빈 깡통에 불을 넣고 논둑길을 신나게 달리며 깡통을 돌려 타원형 그림을 그릴 것입니다.

해가 기울고 달이 뜨는 시각에 동네 아이들은 깡통에 불을 담고 기다란 논둑길을 달려갑니다.

멀리서 보면 정말 아름답고 평화로운 풍경입니다. 만경 그 들판은 얼마나 넓은지 여기저기서 아이들의 웃음소리가 하늘을 향해 퍼져나가는 것 같습니다.

봄이 왔고 집집마다 피어난 꽃들로 울긋불긋 꽃 대궐입니다. 진담 안집으로 불리는 봉호네 대문을 들어서면 새싹이 돋아난 밭 곁에 있는 복숭아나무 한 그루가 아주 예쁜 꽃을 피웠습니다.

보랏빛 오동나무가 꽃을 피웠고, 유난히 반짝이는 석류나무도 꽃을 피웠습니다. 넓은 흙담 위는 기와로 지붕을 올려 울타리가 참 멋져 보입니다.

봉호네는 할아버지가 지주였기 때문에 부잣집이어서 많은 것을 누리고 살았습니다. 장독대 옆 꽃밭에는 도라지가 새싹을 틔우고 올라옵니다.

어머니는 일년생 채송화와 봉숭아 꽃씨도 뿌렸습니다.

"어머니. 여기 복사꽃이 피었네요."

"그렇구나. 참 예쁘다. 그런데 너 숙제는 하고 노능겨?"

"오늘은 숙제 없어요."

"그런 날도 있구나."

마당으로 나온 작은 노랑병아리들이 삐악삐악 소리 내며 어미닭을 뒤따라갑니다. 어머니는 하늘 높이 솔개가 날개를 펴고 날며 기회를 노리는 것을 보았습니다.

"얼른 덫가리 가져오너라."

"예."

봉호는 얼른 마당 한쪽에 있는 덫가리를 가져와 "구구" 하며 암탉과 병아리들을 불러 모아 안전하게 가둬둡니다.

봉호 어머니 최남인 집사님은 자유당 시절에 대한부인회 만경면 위원장을 맡아 면장님, 지서장님, 그리고 학교 교장선생님들과 함께 자연부락을 다니면서 농촌계몽운동 연설을 했습니다. 봉호 할머니는 대한부인회 선전부장을 맡았습니다.

만경장날은 4일과 9일인데 풍요로운 바닷가에서 캔 생합과 죽합이 할머니들의 작은 그릇 안에서 싱싱해 보입니다.

단오 날이 되었습니다. 지난해에 그네뛰기 우승자인 봉호 어머니가
나타났습니다.

동네 아주머니들이 서로 귓속말을 합니다.

"어메. 올해도 또 나왔구만."

"긍게……올해도 우리가 상 타기는 글러버렸네이."

참가자들이 순서대로 그네를 탑니다. 봉호 어머니도 그네를 탑니
다. 하늘 높이 올라갑니다. 구경꾼들이 어지러운 듯 얼굴을 돌려버립
니다. 그날도 우승은 봉호 어머니에게 돌아갔습니다. 3년 동안 내리
우승을 한 봉호 어머니입니다.

그러나 1950년 단오 날에는 그네뛰기 행사가 열리지 않았습니다.
대신 집집마다 단오음식을 해서 나눠먹었습니다.

장날이면 빼놓지 않고 쩌렁쩌렁 울리는 엿장수 아저씨의 가위 소리
는 장난꾸러기들의 마음을 설레게 합니다. 엿은 아이들의 달콤한 간
식입니다.

그들은 집안에서 구멍 난 냄비라든지 커다란 정종 병, 그리고 다 떨
어진 고무신을 찾아 들고 나왔습니다.

심지어 식구들 몰래 멀쩡한 물건을 가지고 나오기도 합니다. 엿판
위에서 엿장수 아저씨 마음대로 잘라지는 엿을 받아들고 아이들은 만
경시장 골목을 돌아다녔습니다.

아이들의 옷은 이미 해질 대로 해졌어도 마음은 하늘 위 구름처럼
두둥실 떠다니고 있었습니다.

맑은 하늘과 흰구름, 그리고 삐삐가 자라나 아이들의 군것질거리도
되어주었습니다.

그런 걱정 없는 시간이 지나가고 있었습니다.

자유당 시절, 농림부장관 조봉암은 1950년 3월에 토지개혁을 단행했습니다. 유상몰수, 유상분배라고 했지만 하루아침에 토지를 빼앗긴 거나 다름없는 상황이 왔습니다.

"아버님. 정부에서 그리 한다는데 우리가 할 수 있는 일은 없습니다."

"……"

　봄이 왔지만 진담안집은 한산합니다. 지난해와 상황이 완전히 달라졌습니다. 그나마 다행인 것은 소작을 주지 않고 할아버지와 온 가족이 개인적으로 짓고 있던 논농사와 밭농사는 할 수 있었습니다.

　그래도 6·25전쟁이 나기 전까지는 그런대로 살 수 있었습니다. 예전처럼 풍요롭진 않아도 능제 저수지는 여전히 드넓은 만경평야로 기꺼이 그 맑은 물을 논두렁 사이로 넘치도록 흘려보냈습니다.

　밭에는 여러 가지 채소를 심었습니다. 그렇게 초여름이 다가오는 6월이 되었습니다. 이 시기에는 논에 물을 대느라 능제 저수지 물을 방류합니다.

　동네 아이들은 소쿠리나 자배기, 바께쓰를 들고 나와 저수지에서 쏟아져 내려오는 고기들을 잡습니다.

　그곳에 봉호와 헌직이도 무리들 사이에 보입니다. 붕어도 잡고 말조개도 잡고 미꾸라지도 잡습니다. 얼굴에 흙탕물이 튀어도 마냥 즐겁습니다.

　그날 저녁 밥상은 온 동네가 거의 비슷한 음식들로 차려집니다. 할아버지가 식사를 하시면서 앞에 앉아 밥을 먹는 봉호를 보며 말씀하십니다.

"저수지 문을 열었구만이. 봉호가 고생했네."

"오늘 저녁은 어느 집이든지 반찬이 다 같을 겁니다."

삼촌이 말했습니다.

"할아버지. 고기 잡는 거 재밌어요."

어머니가 시래기를 넣고 만든 붕어찜은 정말 맛있습니다. 가족 모두 말없이 식사를 했습니다. 숟가락, 젓가락 움직이는 소리만 들렸습니다.

여자아이들은 으레 학교가 파한 후 달려 나가 낮은 언덕에 올라온 쑥을 뜯고 냉이를 캐고 탱자울타리 사이에서 달래도 용케 찾아 캐옵니다.

그날 저녁 밥상은 쑥과 냉이가 들어간 된장국이 올라오고 달래 양념장으로 맛있게 밥을 비벼 먹습니다.

그렇게 초록빛 춘사월이 지나 산과 들에 찔레꽃이 피면 장미보다 더 진한 향기가 온 동네를 감싸줍니다.

그 찔레꽃 통통한 새순은 아이들의 배고픔을 달래주는 간식입니다.

진담안집 장독대 주위로 도라지꽃이 피었고, 장독대 앞에는 채송화도 피었습니다. 그리고 꽈리도 얼굴을 내밀었습니다. 그 옆의 꽃밭에도 형형색색의 꽃들이 피었습니다.

보랏빛 오동나무 꽃이 피고 석류꽃이 그 화려한 주홍빛 꽃을 피울 때면 마치 등불처럼 아름다웠습니다. 정말 한가하고 평화로운 날들이 지나가고 있었습니다. 6월이 되자 치자나무 하얀 꽃이 진담안집 넓은 마당 안을 향기로 가득 채웠습니다.

복숭아 열매가 점점 자라자 아이들은 그 열매에 자신들의 이름을 붙여놓고 세수를 하고 나선 복숭아나무 앞에서 눈여겨보곤 했습니다.

토요일 오후가 되면 봉호와 헌직이는 학교 운동장에서 자치기를 하고 놉니다. 나무로 작은 것과 큰 것을 만든 후 운동장에 작은 것을 세워둘 땅을 팝니다. 그리고 서로 멀리치기 놀이를 합니다.

학교 운동장에는 아이들이 삼삼오오 흩어져 자기들만의 놀이를 합니다. 땅따먹기 놀이를 하는 친구들은 작은 돌을 손가락으로 튕기며 자기 땅을 넓혀갑니다.

여자아이들도 책보자기를 한데 모아놓고 공기놀이를 합니다.

아이들은 시간 가는 줄도 모르고 노는 데 정신이 팔려 있습니다.

해가 서쪽으로 기울어갑니다. 어머니는 운동장에서 자치기를 하는 봉호를 소리쳐 부릅니다.

"봉호야. 인자 집으로 가자꾸나."

"예. 헌직아 우리 내일 놀자."

"그려. 가자."

하나둘씩 운동장에 놓아둔 책보자기를 집어 들고 집으로 갑니다. 여자아이들이 일어서자 치맛자락에 있던 작은 돌들이 운동장에 와르르 쏟아집니다.

야산에서 뻐꾸기가 울고 하얀 찔레꽃이 향기 날리는 평화로운 계절이 왔습니다. 밤이면 개구리 울음소리가 만경평야가 진동하듯 여기저기서 시끄럽게 들립니다. 부엌에서 나온 어머니는 할머니 방으로 들어가 앉습니다.

"어머님, 올해는 단오 날 그네뛰기 시합을 하지 않는다고 하네요."

"왜? 어멈이 그네 잘 뛰는디……."

"무슨 일이 있나 봐요. 창포로 머리 감고 단오음식을 해먹는 걸로 만족해야겠어요."

"그러야것네. 올해도 제호탕은 동해병원 집에서 한다니께 우리는 수리취떡이랑 도행병하고 앵두화채를 만들자이."

"예, 어머님. 쑥 뜯은 거 있으니 됐고요. 돌아오는 장날에 다른 재료들 좀 사야겠어요."

"그란디 그걸 살 돈은 있다냐?"

"예, 어머님. 아범이 어젯밤에 시장 볼 때 쓰라며 주더라고요."

"그려. 요즘 이옥진 선생님 배가 봉긋하게 올라왔더라이."

"예. 10월이 산달이에요."

"넘어지지 않게 조심혀야지."

"예. 만나면 말씀 전하지요."

6월 9일 장날에 어머니는 둘째고모랑 시장에 가서 단오 날에 쓸 여러 가지 과일과 아이들에게 줄 과자를 사서 양손에 들고 집으로 돌아왔습니다.

이내 두 사람은 부엌으로 들어가 캐다 둔 쑥을 우물 곁 돌확에 넣고 짓이겨 쑥물을 뺍니다.

시퍼런 쑥물이 어머니의 삼베보자기에서 주르르 흘러나옵니다. 오지자배기에 쑥물을 모아 놓습니다.

어제 방앗간에서 찧어온 쌀가루를 둘로 나눠놓습니다. 도행병에도 쌀가루를 써야 하기 때문입니다. 쌀가루에 적당량의 쑥물을 붓고 반죽하여 둥글게 빚어 떡을 만듭니다.

"잡숴보세요."

어머니는 둘째고모 입에 수리취떡을 넣어줍니다.

"정말 맛나네요. 언니도 잡숴보세요."

둘째고모는 웃고 있는 어머니 입에 떡을 넣어줍니다.

두 사람은 도행병을 만들기 위해 장에서 사온 과일의 씨를 빼고 즙을 냅니다. 그 빛이 얼마나 예쁜지 모릅니다. 남겨놓은 쌀가루에 섞어 고운 빛의 설기떡을 만듭니다.

오묘한 빛의 맛있는 떡을 만들어 냅니다. 그런 다음 앵두화채를 만듭니다. 장에 나가 사온 오디, 앵두, 산딸기 등을 깨끗이 씻어 소쿠리에 받쳐 물기를 뺍니다.

나무로 만든 함지박에 각종 과일을 넣어 화채를 만듭니다. 우리나라 전통의 고유 음식이 만들어집니다. 단오 날 오후에 교회에 목사님 가족과 강 강로님 가족과 성도들이 모두 모여서 단오음식을 나눠먹었습니다.

맛도 맛이지만 그 고유의 빛으로 모두에게 기쁨을 주었습니다.

그리고 며칠 후 봉호 할아버지가 돌아가셨습니다. 원래 만경지역의 유지여서 장례 때는 진담안집이 문상객들로 가득 찼습니다.

진담안집 마당에 차일을 치고 문상객들을 맞았고, 부엌에서는 아주머니들의 음식 만드는 손길이 바빴습니다.

서울에서 성경학교에 다니는 은숙 고모는 할아버지가 안치된 방에 앉아 목 놓아 서럽게 울었습니다.

상복을 입은 할머니가 그런 은숙 고모를 안고 함께 눈물을 흘렸습니다. 그리고 얼마 후 은숙 고모가 초췌한 모습으로 할머니와 함께 그 방을 나왔습니다.

발인 날에 만장을 날리며 장례가 순조롭게 시작되었습니다. 발을 동동 구르며 은숙 고모가 할머니를 안고 울었습니다.

남자들만 상여 뒤를 따라갔습니다.

장례를 치른 후 은숙 고모는 학기말 고사를 보고 왔다며 서울로 곧 바로 떠나지 않았습니다. 고모는 봉호 손을 잡고 우체국에 가서 주인집에 그 사실을 전화로 알렸습니다.

"안녕하셨어요? 은숙인데요……예. 장례 무사히 마쳤습니다. 시험도 끝났고 해서 9월에 갈게요."

봉호는 옆에 서서 고모의 상냥한 말투에 당황합니다.

"예. 평안하세요. 나중에 뵐게요."

"고모, 갑자기 왜 서울말을 한당가요이."

"그분들은 서울사람들이잖아. 그래서……."

"그렇구만요이. 가요, 고모."

봉호는 예쁜 고모 손을 잡고 집으로 돌아왔습니다.

만경면내에서 실제 전쟁을 체감한 것은 7월 19일 장날이었습니다. 그리고 그 후 70여 일 동안에 살육과 배신의 날들이 있었습니다.

북한군들이 들어오고 만경분주소가 그들의 손에 들어갔으며 좌익사상을 가진 자들의 세상이 되었습니다.

해방이 되고 전쟁이 일어나기 전 5년여 동안에 좌익사상을 가진 자들은 조용히 그들의 할 일만 했습니다.

그러나 전쟁이 일어나자 자신들의 정체성을 드러내며 그 아름다운 만경교회도 두 사상으로 나뉘었습니다.

봉호네는 이승만 정권 시절 어머니 최남인 집사님이 만경면 대한부인회 회장을 맡았고, 할머니 유상덕 집사님이 대한부인회 선전부장을 했습니다.

이미 그 사실을 알고 있던 그들은 8월 4일에 최남인 집사님, 윤숙병 집사님, 이화순 집사님, 이영수 집사님을 반동분자라며 치안대로 끌고 갔습니다. 그들은 매 맞고 취조를 받다가 다음 날에 풀려났습니다.

최남인 집사님도 반죽음 상태로 돌아왔으며, 잡혀갔던 사람들 모두 몸져누웠습니다. 할머니는 새벽기도에서 매일 울며 간구했습니다.

"아버지! 어서 빨리 자유로운 날을 허락하시고 모두가 서로 사랑하게 도와주세요."

한편으론 할아버지가 돌아가시고 나서 이런 일들이 벌어진 것에 감사하면서 하루도 빠지지 않고 새벽기도를 드렸습니다.

만경교회 성도들의 하루하루의 삶은 살얼음판을 걷는 상황이었습니다. 하루아침에 우익인사들은 감시의 대상이 되었고, 좌익사상을 가진 자들은 삼삼오오 무리를 지어 그 집 대문 밖에서 기웃거리며 일거수일투족을 감시했습니다.

마음 편히 나갈 수 없는 지경인데다 밭에 심어놓은 가지, 고추 등 채소들이 열리는 개수를 파악하여 함부로 따먹지 말라는 경고도 있었습니다.

왜정시대보다 더한 상황이 된 것입니다.

그야말로 숨죽이며 살아야 할 형편인지라 교회 가는 것도 조심스러웠습니다.

그러던 중 8월 18일에 곽영욱 초대장로님이 소천하셨습니다. 장로님의 장례식 이후 만경교회는 어려움에 처하게 되었습니다.

곽 장로님이 큰 어른으로 그동안 좌익세력과 우익세력을 잘 견제했지만, 장로님이 돌아가시고 나자 좌익들이 우익성도들을 노골적으로 핍박하기 시작했습니다.

그래서였는지 때때로 교회는 공산주의자들이 주동이 되어 "타도 미국의 성토장"이 되기도 했습니다.

인민군이 목포까지 밀고 내려가 전라도 쪽을 장악했어도 밤에는 미군 폭격기가 날아와 폭탄을 터뜨리곤 했습니다.

　어느 날, 봉호는 능제 저수지에서 수영을 하고 있었습니다. 그때 미군 비행기가 4대씩 6조로 나뉘어 24대가 폭격을 하고 돌아갔습니다.

　봉호는 깜짝 놀라서 원두막에 숨었습니다. 그런데 그날 점심식사 후 또다시 36대의 비행기가 폭격을 했습니다.

　나중에 알아보니 만경강 다리를 파괴한 것입니다. 아마도 인민군의 물자수송에 타격을 주기 위해 다리를 폭파하려고 했던 것 같습니다. 그러나 완전 폭파는 못하고 사람들은 지나다닐 수 있었습니다.

　모든 성도들은 숨죽이며 하루하루를 살았고 서로 왕래도 뜸해졌습니다. 곽유근 장로님, 강성진 장로님, 정화선 장로님 세 분이 만경교회를 지키고 계셨습니다.

　세 분 장로님들은 새벽기도에 빠지지 않았고, 목사님도 다 같이 이 어려움을 이기고 나아가자고 말씀했습니다.

　그래도 하루하루가 힘든 상황에서도 청년들은 예배가 끝나면 쥐엄나무 아래서 이야기를 나누었습니다.

　현대전은 아무리 육군이 치고 내려오더라도 제공권이 없으면 승리하기가 어렵다고 말하는 성도들도 있었습니다.

　은숙 고모는 가끔씩 외출을 했지만 어디를 가는지, 무슨 일을 도모하는지 아무도 모르고 있었습니다.

　밤에 더워서 뜰에 나가 서 있으면 비행기가 밤하늘을 수놓았고 폭탄 터지는 소리가 멀리서 가까이에서 사람들을 놀라게 했습니다.

　조명탄이 밤하늘을 낮과 같이 밝혔고 폭죽이 밤하늘에 치솟곤 했습니다. 그 다음 날이면 간밤에 봉홧불이 올랐다고 수군거렸습니다.

그러던 중 9월 12일 신 새벽에 봉호네 집 담을 넘는 소리가 들렸습니다. 어머니는 얼른 아버지를 뒷문으로 피신시켰습니다.

담장을 넘은 사람들은 내무 분과 사람들이었습니다.

"은숙이 있는가?"

할머니가 같이 자고 있던 딸을 흔들어 깨웠습니다.

"은숙아. 이 밤중에 너를 찾아온 사람들이 있다. 일어나 봐라."

"어머니. 다녀올게요."

은숙 고모는 일어나 옷을 갈아입고 방을 나와 토방 아래에 있는 신을 신고 태연히 그 사람들을 뒤따라갔습니다.

어머니가 뒤쫓아 나가 어디로 데려 가냐고 물으니 자기들도 모른다며 인민군 중대본부에서 데려 오라고 했다는 대답만 했습니다.

그러자 방안에서 숨을 죽이고 있던 할머니가 방문을 확 열어젖히며 말했습니다.

"이놈들아. 내 딸 못 데려간다."

맨발로 뛰쳐나가 딸을 감싸 안습니다.

"은숙아. 가자."

"안 된다. 대신 나를 데려가그라."

할머니 유 집사님의 외침이 새벽을 깨웁니다. 은숙 고모도 유 집사님을 꼭 껴안고 어쩔 줄 몰라 합니다.

잠시 후 유 집사님도 은숙 고모도 마음을 다잡습니다.

"어머님. 별일 아니에요. 잠시 갔다 올게요."

차분한 은숙 고모의 목소리에 말없이 딸의 등을 두드리며 할머니는 말합니다.

"그려. 잘 댕겨오드라고. 에미가 지둘릴팅게."

차마 그냥 보내지 못해 유 집사님은 내무 분과 사람들 뒤를 한참이나 따라갔습니다.

당시 봉호는 어머니 최 집사님과 자고 있었습니다. 아버지가 피신하고 바로 그 소란이 일어났습니다. 봉호는 벌벌 떨면서 무릎으로 기어서 어머니 곁으로 갔습니다.

"어머니, 고모가 왜 잡혀가요?"

어머니는 봉호 입술에 손가락을 갖다대며 아무 말이 없었습니다. 그것이 11살 봉호가 은숙 고모를 살아서 본 마지막이었습니다. 은숙 고모는 끝내 차디찬 주검으로 돌아왔습니다.

은숙 고모가 끌려간 며칠 후 내무 분과 사람들이 다시 집으로 찾아와 집을 다 뒤졌습니다.

"왜 이러시는데요?"

"무슨 단원증을 찾는데 보이질 않네요. 혹시 이상한 증 본 적 없능가요?"

"우덜은 모른다. 우리 은숙이 데려오랑께."

할머니가 고래고래 소리치자 그들은 그냥 돌아가 버렸습니다. 최 집사님이 어질러 놓은 방안을 정리하다가 횃대에서 떨어진 은숙 고모의 저고리를 집어 들었습니다.

접혀 있는 소매 끝을 펴니 거기에 가로 3센티미터, 세로 12센티미터 정도의 하얀 종이에 '반공혁명단원증'이라는 영어 표기 H. D.자가 적혀 있었습니다.

어머니가 할머니에게 그 사실을 말하자 할머니는 그 종이를 빨리 불살라버리라고 했습니다. 어머니가 얼른 부엌으로 가 단원증을 아궁이 안에 넣고 불살라버렸습니다.

험한 시간은 더디게 흘러가고 있었습니다.

맥아더 장군이 이끄는 유엔군이 1950년 9월 15일에 인천에 상륙
했습니다. 우리 군대 13,000명과 유엔군을 합쳐 75,000명이 완강히
버티던 인민군을 패주시키고, 9월 28일에 중앙청사에 태극기를 다시
게양했습니다.

유엔군이 인천에서 서울로 진격하는 데 거의 13일이라는 시간이
걸린 것으로 볼 때 그들의 저항이 얼마나 거셌는지 알고도 남음이 있
습니다.

낙동강을 무너뜨리고 부산으로 향하려던 그들의 야욕은 인천상륙
작전으로 뿌리째 흔들려 급히 이북으로 되돌아갈 수밖에 없었습니다.

그때 얼마나 많은 남한의 우익인사들이 죽임을 당하고, 성도들이
순교의 자리에 기쁨으로 섰는지 모릅니다.

가을이 다가오는 하늘은 높고, 만경평야는 벼들이 노란빛으로 익어
가며 고개를 숙였습니다.

9월 25일 밤에 옆집 아저씨가 울타리 아래로 통로를 만들어 봉호네
집으로 몰래 들어왔습니다.

"어이. 자네 있능가? 날세."

"이 밤중에 뭔 일여?"

작은아버지가 자다가 일어나 마당으로 나갔습니다.

"맥아더 장군의 인천상륙작전이 성공했다네."

"언제?"

"작은 라디오에서 누군가 말하는 걸 들었네."

"그럼 워떻게 되는 거여?"

"우리가 이기고 그들은 쫓겨 가것지. 마지막 발악을 할 테니 조심허게."

"그려. 내일이 추석이니 우리 형님도 올 텐데……."

"몸을 피하는 것이 나을 거여."

아저씨는 그 통로를 이용하여 집으로 돌아갔습니다.

아저씨가 가고 난 얼마 후 담을 넘는 소리에 작은아버지가 얼른 마당으로 나갔습니다. 추석 전이라 달이 밝았습니다. 발자국 소리만 들어도 누군지 아는 식구들은 방안에서 그대로 기다리고 있었습니다.

봉호와 어머니도 방에 누워 있다가 얼른 일어나 앉습니다. 아버지가 조심스레 문을 열고 들어와 어머니와 봉호를 와락 끌어안습니다. 그리고 얼굴을 부비며 눈물을 흘립니다.

"어떻게 왔어요? 사방에 놈들이 이 잡듯 뒤지고 다니는데……."

"아버님 돌아가시고 첫 제사라 왔네."

"이 지경에 추석을 어떻게 쇤다고 그래요?"

"냉수라도 올려야 하지 않겠소?"

"예."

다음 날 가족들은 초라한 추석 아침을 맞았습니다. 아버지는 은숙 고모 소식을 듣고 눈물을 흘렸습니다.

모두들 조용하게 추석 하루를 보내고 밤이 되었습니다. 아버지가 피신을 해야 하므로 담장 뒤에 숨었습니다.

"봉호 아버지. 나도 같이 갈래요."

"그놈들도 사람인데 아녀자인 당신을 해치진 않을 거야. 어서 집으로 들어가."

그때 내무 분과 사람들이 쳐들어와 할머니와 최 집사님과 최 집사님 품에 안긴 창호를 데려갔습니다.

아버지는 담장 뒤에 숨어서 할머니와 아내와 아들 창호가 끌려가는 광경을 바라보았습니다. 아버지는 눈물을 흘리며 그 밤중에 길을 떠나 만경면 청하리 선산을 찾아갔습니다.

그곳에는 3대 조상이 묻혀 있습니다. 근처에 그릇을 굽는 도가니가 있어서 그 속에서 지냈습니다.

그날 밤중에 내무 분과 사람들이 다시 진담안집에 들이닥쳐 작은어머니를 불러냈습니다.

"아줌마, 잠자는 아이들도 모두 깨워 같이 갑시다. 다 데려오랍니다."

이미 잠이 든 봉호를 먼저 흔들어 깨웠지만, 깊이 잠든 봉호는 잠투정을 하며 징징댑니다.

"할 수 없지. 어서 가야 하니 우선 아줌마라도 갑시다."

작은어머니는 겁을 잔뜩 먹은 채 그들 뒤를 따라가면서 구시렁댔습니다.

"나는 잘못한 것도 없는데 왜 가야 하냐고요?"

나이가 어린 탓에 다소 철부지 같은 작은어머니는 징징거리며 따라갔습니다.

"어이. 다른 집도 가야 하니 저 아줌마는 그냥 돌려보내지."

"알았네. 시끄러워서 원."

"아줌마는 돌아가시오."

"예."

이렇게 하여 작은어머니는 큰길을 건너기 전에 집으로 돌아왔습니다.

아름다운 사람들

▲ 이정순 집사님

▲ 이남근 성도

▲ 이옥진 선생님

만경교회에서 내려오면 만나게 되는 동해병원 큰길 건너 일본식 집에서 최정렬 전도사님과 이옥진 반주자 선생님이 부모님을 모시고 삽니다.

아버지가 양복점을 운영해서인지 몰라도 아버지와 최 전도사님은 정말 멋쟁이였습니다.

최 전도사님은 이목구비가 뚜렷하고 아주 잘 생겼습니다. 1949년에 최 전도사님은 오수 출신인 이옥진 선생님과 결혼했습니다.

그해 크리스마스 성탄예배 때 최정렬 전도사님은 바이올린, 이옥진 선생님은 오르간을 맡아서 연주했습니다.

'고요한 밤 거룩한 밤' 연주는 모든 성도들에게 깊은 감동으로 다가왔습니다.

그 후로 인근 교회에서 부흥회가 개최될 때마다 최정렬 전도사님 부부와 김방서 선생님은 연주를 하고 성가를 부르며 아름다운 섬김을 갖곤 했습니다.

최정렬 전도사님은 김 목사님의 권유로 1950년 조선신학교에 입학했습니다. 만경교회에서는 경사가 났다며 모두 기뻐했습니다.

어머니 이 집사님은 교회에서 모든 교우들에게 점심식사를 대접하며 큰 잔치를 열었습니다. 일을 하면서도 모두 기뻐하며 즐거워했습니다.

1950년 2월 17일은 음력설이었습니다.

설날 저녁식사를 하고 모두 방안에 모여앉아 이야기를 나누는데 이집사님이 말했습니다.

"신학기에 서울로 가야 하니 오수에 다녀오너라."

"어머니. 저희가 집을 비워도 될까요?"

"그럼. 겨울에는 할 일도 별로 없고 아버지 양복점도 명절 뒤라 한가하단다. 그러니 마음 편히 다녀오너라."

"어머님, 고맙습니다."

이 선생님은 감격하여 목소리에 눈물이 매달렸습니다.

"바보같이……아가, 너도 집에 가고 싶었지?"

"예, 어머님."

"나는 그렇게 살지 못해서……갔다 오너라."

부부는 그해 2월 20일에 오수 처가에 인사를 드리러 갔습니다. 김제에서 버스를 타고 전주역에서 오수 가는 기차를 탔습니다.

전주를 떠나 관촌을 지날 때부터 차창으로 맑은 시냇물이 흐르는 것을 보며 최 전도사님은 곁에 앉아 있는 이 선생님의 손을 꼭 잡았습니다.

이 선생님은 빙그레 웃었습니다. 창밖으로 보이는 모든 것들이 더

정겨워 보입니다. 오수역에 도착해 작은 대합실을 보니 반갑습니다.

대합실을 나오자 앙상한 나무가 시야에 들어옵니다. 이 선생님은 가지만 보고도 그것이 느티나무임을 금방 알아차립니다.

오수국민학교를 다니던 어린 시절, 역이 바로 학교 뒤에 있어서 봄에는 잎이 연둣빛이었다가 여름에는 시퍼렇고 무성했던 것을 기억합니다.

가을이면 같은 나무에서도 단풍잎의 색상이 제각각이라는 것도 기억나고, 긴긴 겨울 눈보라 속에서도 의연하게 서 있던 것도 모두 기억납니다.

고향에 오니 발걸음이 신납니다. 학교 정문 앞에서 새터마을로 향하는 길로 앞장서 걷습니다.

"집에 가는데 선물을 사야 하지 않아?"

"아, 맞다. 시장에 들러야겠어요."

"설날이 지났는데 장이 섰을까?"

"오늘이 오수장날인데……명절 끝이라……그래도 가요."

"가 봅시다!"

이 선생님은 앞장서서 원동산으로 걸어갑니다. 정육점이 문을 열었습니다. 어릴 때 어머니 손을 잡고 자주 왔던 곳입니다.

문을 열고 들어서니 문소리에 아저씨가 일어납니다.

"어서 오쇼."

"아저씨. 돼지고기 세 근 주세요. 맛있는 고기로……."

"하믄요. 그란디……옥진 아가씨 아녀라?"

"기억하시네요. 저 옥진이 맞아요."

"맞구만이. 작년 가실에 시집가고 나서 잔치한다고 엄니가 돼지 한

마리 잡아 가셨당께.”

“그러셨어요?”

“하믄요. 온 동네가 떠들썩했당께.”

이 선생님은 최 전도사님을 바라보며 웃었습니다.

“아저씨. 그리고 뭐 살 만한 게 더 없을까요?”

“건어물가게에서 북어 한 쾌 사가지고 가랑께.”

“아, 그럼 되겠네! 고맙습니다.”

두 사람은 선물을 사 가지고 시장을 나와 걸어갑니다. 최 전도사님이 고개를 들어 앞을 보니 굉장히 높은 일제 때 건물이 눈에 띕니다.

“저기 붉은 벽돌로 지은 건물이 뭐요?”

“오수망루예요. 낮 12시, 밤 12시, 새벽 4시에 길게 소리를 내어 시간을 알렸지요. 그 시절엔 그 소리를 오포라고 했어요.”

“맞다. 우리도 그 소리를 듣고 자랐지.”

두 사람은 발걸음을 재촉하여 이 선생님 고향집으로 갑니다.

넓고 얕은 시냇물은 얼음이 얼었고, 노을이 내리는 시각의 새터마을은 잠이 든 듯 조용합니다.

이 선생님은 고향집 문 앞에서 최 전도사님의 한복 두루마기 옷고름을 다시 고쳐 매줍니다.

“어머니! 어머니!”

부엌문을 열고 어머니가 부지깽이를 들고 나옵니다.

“아니, 어떻게 온 겨. 이 추운 날에…….”

“어머님, 저도 왔습니다.”

“자네도 왔구만. 추운디 어서 들어가거라. 아버지 계신다.”

“예, 어머니.”

어머니가 방 앞에 가서 말합니다.

"영감! 옥진이 내외가 왔네요."

"누구? 옥진이?"

아버지는 방문을 열고 토방에 서 있는 두 사람을 봅니다.

"추운데 어서 들어오더라고."

"예."

두 사람은 먼저 방으로 들어가고, 어머니도 뒤따라 들어옵니다.

"절 받으세요."

아버지는 어머니에게 손짓으로 곁에 앉으라며 먼저 아랫목에 가 앉습니다.

"불 때다 와서 검댕이 묻었는디……."

"괜찮아요. 어머님, 절 받으세요."

"그려. 이리 와주니 고맙다. 최 서방도 반갑네."

딸 부부의 절을 받으며 어머니 눈에는 이슬이 맺혔습니다.

"오니라 고생했네. 이 추운 날에……배고프쟈?"

"예."

"내 나가서 후딱 차려 오꾸마."

"저도 도울게요."

이 선생님은 최 전도사님과 건넌방으로 가서 옷을 갈아입은 후 부엌으로 나갑니다. 아버지와 최 전도사님이 방에서 이야기를 나누는 사이에 아궁이에 다시 불씨를 살린 어머니는 갖은 양념을 한 북어를 석쇠에 올려놓고 굽습니다.

"맛있겠어요, 어머니."

이 선생님은 아궁이 앞의 어머니 곁에 꼭 붙어 앉아 예전처럼 이야기를 합니다.

"잘 지내는구만."

"어떻게 알아요?"

"얼굴에 그리 쓰여 있다."

"예. 모두들 잘 해주시니까요."

"고마운 일이여. 다 같은 하나님을 믿으니 을매나 좋을껴?"

"예. 이번에 최 서방 조선신학교 들어가서 3월에 서울로 가요."

"잘 되었네. 그런 생각을 어찌 했을까?"

"담임목사님이 권유했고, 본인도 오래전부터 꿈꿨나 봐요."

"응. 정말 잘 되었네."

석쇠에서 북어가 구워지는 동안 손이 큰 어머니는 설날 남은 음식으로 푸짐한 밥상을 차립니다. 이 선생님이 마루에 상을 놓으며 최 전도사님을 부르니 그가 나와 방으로 상을 들고 들어갑니다.

아버지의 식사기도가 끝나고 식사를 하면서 모두 그동안 지낸 일들을 말하며 이야기꽃을 피웁니다.

"아버지. 최 서방 이번에 조선신학교 들어갔어요."

"잘했구나. 새벽 기도할 때마다 잊지 않으마."

"예. 고맙습니다."

최 전도사님도 괜스레 기분이 좋습니다. 가족 모두 즐거운 식사를 하고 각기 방으로 들어갑니다. 어느새 어두워지고 먼데서 부엉이 우는 소리가 들려옵니다.

잠자리에 누운 이 선생님이 그 소리에 놀라 그의 품으로 파고듭니다. 최 전도사님이 그런 이 선생님을 꼭 안아줍니다. 두 사람은 어느새 잠이 듭니다.

친정집에 오니 마음이 편안한지 이 선생님은 쉬 잠이 들었습니다.

친정에서 이틀을 머문 다음 두 사람은 다시 기차를 타고 만경 집으로 돌아왔습니다. 부부는 시부모님께 큰절을 올렸습니다. 이 선생님은 친정어머니가 싸준 선물들을 시어머니께 드립니다.

"이 귀한 것들을……."

"건강하게 잘 지내시라고 항상 기도하신답니다."

최 전도사님이 어머니께 장인 장모님의 안부 인사를 전해드립니다.

"그래. 고맙기도 하시지. 오니라 피곤할 텐데 건너가 쉬어라."

"예, 어머님."

두 사람은 부모님 방에서 뒷걸음질로 나가 커다란 마루를 사이에 두고 있는 부부의 방으로 들어갑니다.

바로 한복을 벗고 편안한 옷으로 갈아입습니다. 얄궂게도 이 선생님의 친정여행은 그것이 처음이자 마지막이라는 걸 아무도 짐작조차 하지 못했습니다.

2월 26일 주일 밤에 최정렬 전도사님의 환송예배가 열렸습니다.

만경교회에서 배출한 신학생으로 모든 성도들의 기쁨이 된 그는 축하인사를 받으며 연신 웃음으로 대신했습니다.

김 목사님은 귀한 성경책을 선물로 주었고, 강성진 장로님은 금일봉을 주었습니다.

그리고 월요일에 최 전도사님은 성도들의 배웅을 받으며 서울로 떠났습니다. 최 전도사님은 기차를 타기 전에 어딘가에 있을 이 선생님을 두리번거리며 찾았습니다.

두 사람의 눈이 마주치자 그녀에게 고개를 끄덕입니다. 그는 그렇게 조선신학교 신입생으로 떠났습니다.

3월이 되니 강남 갔던 제비가 돌아와 지난해 처마 밑에 만들어 사용하던 둥지를 보수하며 터를 잡았습니다. 물 찬 제비는 넓은 만경평야를 그야말로 신사의 모습으로 시원스레 날아다녔습니다.

제비는 새끼를 부화하면 더 바빠집니다. 만경면내 많은 한옥들 처마뿐 아니라 이 선생님의 일본식 가옥에도 제비 한 쌍이 둥지를 틀었습니다.

부엌으로 가다가 이 선생님은 이 진기한 풍경에 마음을 빼앗겨버립니다.

"어머님. 제비가 우리 집에도 왔어요. 나와 보세요."

안방에서 성경을 읽으며 묵상하던 이 집사님은 이 선생님의 소리에 얼른 밖으로 나와 봅니다.

"그렇구나. 멀리서 왔을 텐데 부지런도 하지."

"예. 힘들지도 않나 봐요, 어머니."

"우리에게도 좋은 소식이 있었으면 좋겠다."

그 말에 이 선생님은 얼굴에 홍조를 띕니다. 다음 날 오후에 혼자 저녁밥을 짓던 이 선생님은 몸이 예전 같지 않음을 느끼고 시장을 다녀오는 시어머니에게 넌지시 말합니다.

"어머니. 제 몸이 좀 이상해요."

"그게 무슨 소리냐?"

시어머니가 이 선생님의 얼굴을 보다가 손을 와락 끌어 잡습니다.

"아가. 달거리 그냥 지나쳤쟈?"

"어머님이 그걸 어떻게 아세요?"

이 선생님은 얼굴을 붉히며 대답합니다.

"맞구나. 이제 우리 집 경사 났구만."

"내일 아침 먹고 동해병원 강 장로님한테 가 한약 한 재 짓자."

"전 건강해요."

"태아가 건강해야지. 참 아버지 오셨냐?"

"예. 방에 계세요."

"내가 이럴 때가 아니지. 영감! 영감!"

시어머니는 부엌을 나가 방으로 들어갑니다.

"뭐 그리 큰소리로 부르고 그려?"

"아가가 임신했나 봐요."

"뭣여? 경사 났네. 우리 정렬이가 있었으면 얼마나 좋아했을까?"

"그렇죠? 내일 한약 한 재 지어주려고요."

"그려야지. 아가랑 같이 가봐."

그날 밤 저녁식사는 더 좋은 분위기에서 화기애애했습니다. 잠자리
에 누운 이 선생님은 자신의 배를 어루만지며 기도했습니다.

다음 날 오전에 이 집사님은 이 선생님 손을 잡고 동해병원에 들렀
습니다. 이 집사님은 기쁨에 들떠서 아무래도 며느리가 아이를 가진
것 같으니 강 장로님에게 진맥 좀 봐 달라고 채근합니다.

"이 선생님. 손 좀 이리 내 봐요."

이 선생님이 내민 손목을 진맥하며 빙그레 웃는 강 장로님의 미소를
보고 고부간에 얼굴이 환해집니다. 이 집사님은 한약을 한 재 지어달라
고 말합니다.

"이 집사님. 약은 정성인 거 아시죠? 아침저녁으로 잘 달여서 먹이
도록 하십시오."

"예, 장로님. 고맙습니다."

"이 선생님도 마음 편히 갖고 뭐든 잘 잡숫고⋯⋯."

"예."

"이 집사님. 오후에 약 찾으러 와요. 스무 첩 지으려면 시간이 좀 걸려요."

"예. 그러지요."

두 사람은 병원을 나서 큰길을 건너 집으로 돌아왔습니다.

이 집사님은 오후에 다시 병원에 들러 약 봉지를 받아들고 나왔습니다. 강 장로님은 삼베보자기를 선물로 주었습니다.

이 집사님은 약을 정성껏 달여 삼베보자기에 꼭 짜 아침저녁으로 이 선생님에게 하얀 그릇에 담아 내주곤 했습니다.

이 선생님은 오수의 친정과 서울의 최 전도사님에게 편지로 이 기쁜 소식을 알렸습니다. 최 전도사님은 곧장 잘 먹고 마음 편히 지내며 몸을 잘 돌보라고 자상한 답장의 편지를 보냈습니다.

어머니 이정순 집사님은 아들을 무척 대견하게 생각했습니다. 아들은 서울로 가기 전부터 새벽기도를 드리는 참 신앙인이었습니다.

최 전도사님이 서울로 떠나자 교회 반주를 물려받은 이옥진 선생님은 1950년 봄 5월에 만경교회에서 어린이 성가대를 구성했습니다.

찬양을 좋아했던 봉호와 헌직이는 물론, 같은 반 친구들도 성가대에서 함께 노래를 불렀습니다. 선생님이 너무 예뻐서 아이들 모두 선생님이 반주하는 오르간 앞에 서로 먼저 서려고 자리다툼도 일어났습니다.

"헌직아. 내가 먼저 왔다."

"아녀. 내가 먼저 왔당께 그러네."

"아녀. 내가 먼저 왔다 너."

"둘 다 그만둬라."

이 선생님은 방긋 웃으며 봉호와 헌직이에게 다가와 둘의 머리를 쓰다듬어 주었습니다. 그제야 서로 마주보며 웃습니다.

"자자. 여기 악보 하나씩 가져가요."

누런 시험지에 작사, 작곡 미상인 이 노래의 제목은 '쨉쨉쨉 목마르면'이라는 꽤 긴 동요입니다.

선생님은 자리에 앉아서 악보를 보는 아이들을 돌아보며 말합니다.

"모두 첫 번째 줄을 큰 소리로 읽어봐요."

"쨉쨉쨉 목마르면 물을 마시라."

"모두 같이 따라 불러요."

선생님이 첫 소절을 부르자 아이들이 따라 부릅니다.

"쨉쨉쨉 목마르면 물을 마시라

퐁퐁퐁 바위 밑에 샘물 난단다

꿀꺽꿀꺽 이 물 마시고

무럭무럭 자라나거라

내 꽃잎을 따다가 밤을 새어서

손가락 발가락에 물을 들이면

손가락 발가락이 모두 봉선화

내가 뛰면 동네 안이 모두 봉선화"

모두 질 새라 목청껏 열심히 따라 부릅니다.

이 선생님이 아이들에게 가르쳐준 첫 번째 노래입니다. 그녀가 전날 밤 집에서 철필로 오선지를 그리고 조심조심 동요를 만들어 교회

등사기 아래에 누런 종이를 넣고 눌러 찍어낸 악보입니다.

한 소절 한 소절씩 따라 부르는 아이들의 힘찬 노랫소리가 들려옵니다.

그해 5월은 그렇게 이 선생님과의 합창연습으로 하루해가 짧았습니다. 연습이 끝나고 교회 마당에서 아이들과 헤어질 때면, 헌직이는 얼른 이 선생님 곁으로 달려갑니다. 봉호가 다가와서 묻습니다.

"넌 집으로 안 가능겨?"

"고모 집에 갈란다."

"깜깜해지는디?"

"걱정 말아. 고모가 데려다 주니께."

"가자."

사실 고모네 간다는 것은 핑계입니다. 속내는 좀 더 이 선생님과 같이 있고 싶어서입니다.

봉호는 이 선생님 손을 잡고 내려오다가 인사를 하고 집으로 들어갑니다.

"그래. 내일 또 연습하자."

"예. 안녕히 가세요."

헌직이가 봉호에게 말합니다.

"먼저 가라."

"그려."

헌직이는 봉호를 향해 짓궂게 웃으며 의기양양하게 걸어갑니다. 노을이 곱게 물드는 시각입니다.

헌직이네 집은 능제 물가 남산이라고 부르는 곳에 있는데 아버지 이남근 성도는 목수 일을 합니다.

아주 성실한 성품으로 어느 곳에서나 충실하게 일했으며, 믿지 않는 사람들에게 전도도 열심히 했습니다.

이옥진 선생님 댁에 도착하자 고모가 헌직이에게 말합니다.

"우리 헌직이 또 선생님 뒤를 졸졸 따라왔네."

헌직이가 인사를 하면서 뒤통수를 긁적이며 웃습니다.

"마침 잘 왔다. 밥 먹고 가거라."

"예. 고모."

일본식 작은 유리창에 노을이 지면서 하나하나에 주홍빛 해가 반짝입니다. 그렇게 평화로운 만경의 봄날이 저물어갔습니다.

서울에서 신학교에 다니는 최정렬 전도사님의 가정은 양복점을 하는 아버지와 교회집사로 참 신앙인인 어머니에다 아내 이옥진 선생님으로 이루어진 정말 순수한 성도들입니다.

매일 아침 이정순 집사님은 며느리와 함께 새벽기도에 참석했습니다.

그때 능제 저수지에서 물안개가 피어오르는 풍경은 아름답습니다.

"어머니, 저기 보아요."

"물안개? 하나님 솜씨구나."

"예. 예뻐요."

"맞다. 어서 가자."

이 집사님은 며느리의 손을 잡고 교회로 가는 언덕길을 걸어갑니다. 평화로운 논에는 모가 일렬로 끝을 알 수 없이 펼쳐져 있습니다. 부지런한 농부들이 벌써 그 물안개 속으로 걸어갑니다.

교회 마당에 들어서자 여기저기서 온 성도들이 조용하게 인사를 하고 교회 안으로 들어가 자리에 앉습니다.

김 목사님의 인도로 새벽기도가 시작되고 각자의 기도가 하늘을 향해 올라갑니다. 평안한 날들이 지나가고 6월이 되었습니다. 서울에서 1학기를 마친 최 전도사님이 여름방학을 맞아 내려왔습니다.

이 선생님은 수줍게 웃으며 그의 가방을 받아 방에 들여놓고 큰방으로 들어가는 최 전도사님 뒤를 따라 들어갑니다.

"아버님, 절 받으세요."

토요일이라 일찍 집에 들어오신 아버지가 똑바로 앉으며 절을 받습니다.

"어머님은?"

"교회에 일이 있다고 가셨어요."

"아버님. 목사님 찾아뵙고 오겠습니다."

"그려라."

부부는 뒤로 조심스럽게 발걸음을 옮기며 방을 나왔습니다. 이 선생님은 저녁식사를 준비하려고 열린 부엌으로 들어갑니다. 최 전도사님은 목사님 댁으로 가기 위해 대문을 나섭니다.

그날 저녁식사를 마치고 최 전도사님 부부는 개구리 울음소리로 시끄러운 논들을 지나 능제 저수지로 산책을 갑니다.

별들이 빛나는 하늘을 바라보며 그들의 속삭임은 끝나지 않습니다.

"내가 공부하느라 서울에 있으니 혼자 수고가 많았소."

"수고는요. 두 분 모두 잘해 주셔서 잘 지냈어요."

"첫 번째 편지를 받고 얼마나 기뻤는지 모르오. 나의 분신이 태중에서 자라고 있다고 생각하니 얼마나 경이로운지. 정말 고맙소."

"……"

최 전도사님은 곁에 앉아 있는 아내를 끌어안으며 긴 입맞춤을 해 주었습니다. 두 사람은 오랫동안 이야기를 나누며 시간 가는 줄 몰랐습니다.

가로등이 없는 그 시절의 능제 저수지는 깜깜했습니다. 어쩌다 지나가는 자전거의 불빛이 있을 뿐이었습니다.

올려다 본 하늘에서 가끔 별똥별이 멀리 서해로 떨어지곤 합니다. 이 선생님은 한동안 물끄러미 남편의 옆모습을 바라봅니다.

최 전도사님은 별이 빛나는 밤에 그런 이 선생님의 볼에 짧은 입맞춤을 하고 일어나 손을 내밀었습니다. 이 선생님이 그 손을 잡고 일어납니다.

그는 그녀의 작은 손을 꼭 잡고 함께 집으로 걸어갑니다. 큰길가 일본식 집의 유리창이 달린 문을 밀고 집안으로 들어갔습니다. 두 사람은 고양이 걸음으로 소리를 내지 않고 방으로 들어갔습니다.

그들 부부가 자리에 누웠을 때 밤 12시를 알리는 오포소리가 들려왔습니다.

모두 살얼음판을 걷는 어려운 시기가 들이닥쳤을 때 여 집사님 몇 분이 만경분주소에 끌려갔습니다. 그리고 구타당하여 온몸이 멍투성이가 된 채 풀려났습니다.

이 집사님도 그때 끌려갔다 나왔습니다. 이 선생님은 시어머니가 분주소에서 풀려나오자 지극하게 보살폈습니다. 최 전도사님은 어머니를 차마 쳐다보지 못하고 말았습니다.

그 시기에 만경면에서 반공혁명단이 결성되었고, 그는 조용히 교회 청년들과 함께 반공혁명단을 결성했습니다.

이 은밀한 운동은 부모님과 아내에게 철저히 비밀로 했습니다. 교회는 예전과 달리 어둠의 그림자가 드리우고 있었습니다.

이 선생님은 최 전도사님이 알 수 없는 외출을 했지만, 남편에게 한마디도 물어보지 않았습니다.

그가 결코 불순한 일을 하리라고 생각지 않았기 때문입니다. 그는 늘 옳은 일만 할 것이라는 확고한 믿음이 있었습니다.

어느 토요일 오후에 어린이 성가대가 연습을 하고 있을 때 최 전도사님이 교회에 들렀습니다.

"내일은 내가 바이올린을 연주하고 찬송에서 한 곡을 선정해 성도들에게 불러드리면 어떨까?"

"좋아요. 좋아요. 전도사님."

아내가 대답도 하기 전에 아이들이 흔쾌히 대답을 합니다. 두 사람은 찬송을 살펴보며 신중하게 고릅니다.

"꽃가지에 내리는……이 곡 어때?"

"좋아요. 좋아요."

"그럼 내일 목사님께 특별히 부탁해서 어른 성가대가 부르기 전에 어린이 성가대에게 먼저 순서를 주시라고 말씀드려 봅시다!"

"예. 자, '꽃가지에 내리는 가는 빗소리' 찬송 모두 펴 보세요."

이 선생님은 먼저 오르간으로 음을 잡습니다. 사실 아이들도 잘 아는 찬송으로 이태선 작사, 장수철 작곡의 아름다운 우리나라 찬송가입니다.

이 선생님은 어린이 성가대를 둘러보고 웃으며 말합니다.

"모두 시작!"

"꽃가지에 내리는 가는 빗소리
가만히 기울이고 들어보세요
너희들도 이 꽃처럼 맘이 고아라
너희들도 이 꽃처럼 맘이 고아라"

"모두 잘 했어요. 그런데 소리를 너무 크게 내지 말고 조금 작고 부드럽게."

봉호, 헌직, 경현, 그리고 최정렬 전도사님과 어린이 성가대원 모두 환하게 웃습니다.

"그럼 다시 부드럽게 2절 불러요."

"냇가에서 종종종 우는 새소리
가만히 기울이고 들어보세요
너희들도 이 물처럼 맘이 맑아라
너희들도 이 물처럼 맘이 맑아라"

이 선생님은 박수를 치며 기뻐합니다. 마침 교회 문을 열고 김 목사님이 들어옵니다. 아이들이 모두 큰소리로 인사합니다.

김 목사님은 성가대원 한 사람 한 사람 모두에게 다가가 머리를 쓰다듬어줍니다.

"목사님. 내일 주일예배 때 어린이 성가대 특송 순서를 부탁합니다."

"그럼요. 밖에서 들으니 너무 좋아서 오히려 내가 부탁하러 들어왔습니다."

어린이 성가대원들이 "와!" 하고 박수를 칩니다. 최 전도사님도 이 선생님도 아이들을 보고 환하게 웃습니다.

"천국은 이런 아이들의 것이란 말씀이 맞습니다."

김 목사님은 마무리 기도를 마치고 아이들 손을 꼭 잡아줍니다. 연습을 끝내고 가는 그 시각에 노을이 서쪽 하늘을 주홍빛으로 밝고 맑게 물들이고 있었습니다.

봉호는 집 앞에서 친구들과 헤어지고 집으로 들어갑니다. 모두들 상기된 얼굴로 집을 향해 걸어갑니다. 동해병원으로 경현이가 들어갑니다.

큰길을 건너 최정렬 전도사님 부부가 아이들에게 손을 흔들어 주고는 집으로 들어갑니다.

6월 11일 주일예배 시간에 김 목사님은 예배순서를 말씀합니다.

"오늘은 어린이 성가대가 먼저 찬양합니다. 어제 교회를 돌아보다가 찬양연습 소리에 발걸음이 저절로 옮겨졌습니다. 자, 어서 나와요."

이 선생님의 손짓에 어린이 성가대원들이 조심스럽게 강단 아래에 섭니다. 최정렬 전도사님은 바이올린을 들고 마지막에 나와 오르간을 치는 이 선생님과 조율합니다.

이내 이 선생님이 긴장한 모습의 성가대원들을 바라보며 환하게 웃습니다. 긴장을 풀고 활짝 웃으라고 오른손을 입가로 가져가면서 신호를 보냅니다.

어린이 성가대원들의 마음을 풀어주려는 이 선생님의 배려입니다. 성가대원들도 화답하듯이 환하게 웃습니다. 그리고 이내 전주곡이 울립니다.

최정렬 전도사님이 켜는 바이올린의 아름다운 선율이 들립니다. 성가대원들의 찬양이 교회 가득 울립니다.

"꽃가지에 내리는……."

1절이 끝나고 간주가 이어집니다. 이 선생님은 웃으며 손가락으로 2절을 부르라는 신호를 보냅니다.

"냇가에서 종종종……맘이 맑아라."

성가대원들의 찬양에 모든 성도들이 크게 박수를 칩니다. 인사를 한 후 줄대로 한 사람씩 내려옵니다. 그들이 모두 앞자리에 앉을 때까지 박수소리는 그치지 않았습니다.

예배가 끝난 후 성도들은 교회 마당 나무 아래서 이야기를 하다가 어린이 성가대와 함께 나오는 이 선생님 부부에게 말합니다.

"오늘 찬양 너무 좋았어요."

"맞아요. 천사들의 합창이었어요."

곽옥정 찬양대원과 고동순 성도가 맞장구를 칩니다. 유금식 찬양대원도 웃으며 박수를 칩니다.

"대단했어요. 오늘 천국에서 하나님도 깜짝 놀라셨을 겁니다."

김방서 주일학교 선생님도 끼어듭니다. 성가대 아이들을 기다리는 할머니들과 어머니들이 교회 마당에서 서성이고 있습니다.

어린이 성가대원들은 할머니, 어머니의 손을 잡고 즐겁게 집으로 돌아갔습니다.

능제 저수지 위 맑은 하늘에 뭉게구름이 여러 가지 그림을 그리고 있습니다.

마치 오늘은 너희들이 '주인공'이라고 그림을 그리고 있는 것 같습니다.

한 달 후 만경면이 인민군들에게 장악되었습니다. 하지만 만경교회 예배는 살벌한 분위기 속에서도 그치지 않고 이어졌습니다.

교회 앞마당에서 봉호는 헌직이와 교회 친구들과 딱지치기를 하고 있었습니다.

상대편 딱지 옆에 검정고무신을 신은 왼쪽 발을 대고 오른손으로 딱지를 힘껏 내리칩니다.

그 힘으로 딱지가 튀어 올랐다가 엎어집니다. 아이들은 시간 가는 줄도 모르고 딱지를 따기도 하고 잃기도 하면서 신나게 놀았습니다.

봉호가 집에 오지 않자 최 집사님은 교회로 봉호를 찾으러 왔습니다. 헌직이가 최 집사님을 먼저 발견합니다.

"봉호야. 그만하자."

"뭐. 니가 다 잃어버렸냐?"

"어머니 오신다."

봉호는 어머니를 보고 딱지치기를 그만둡니다.

"인자 고만 놀고 밥 먹자."

"예, 어머니."

아이들은 모두 딱지를 소중하게 챙겨들고 각자의 집으로 돌아갑니다. 저녁놀이 붉게 물든 하늘은 아무 일도 없다는 듯이 아름답기만 합니다.

아이들에게 전쟁이란 무엇이었을까요? 동네를 짓누르고 있는 이 알지 못할 어둠의 세력들도 동심으로 하루를 빛나게 살아가는 아이들을 어쩌지는 못했습니다.

9월 27일인 추석 다음 날, 이정순 집사님과 이옥진 선생님이 함께 만경분주소로 끌려갔습니다. 남산 근처에 살던 이남근 성도도 끌려갔습니다.

그는 이정순 집사님의 남동생입니다.

"누님도 오셨네요."

"그려. 너도 왔구나?"

"예. 조카며느리도 왔구만이."

"예."

"홀몸도 아닌디 왜 우리 며느리꺼정 끌고 왔는지 모르것다이."

"누님. 목사님도 저기 강 장로님도 강 집사님이랑 왔구만요이."

"그러냐? 최 집사님 식구들도……저 어린 창호까지 원……이게 무신 일이다냐?"

"누님. 그란디 무신 일이 있긴 있나 보구만요이. 면내 사람들도 많이 왔구만요이."

"그려?"

이정순 집사님은 곁에 있는 며느리 이 선생님을 꼭 끌어안아줍니다.

묵묵히 걸어간 믿음의 귀한 자 고동순 성도

주일학교 교사로 봉사한 고동순 성도는
만경교회에서 조금 떨어진 몽산리에서 혼자
교회를 섬겼습니다.

그 시절에 교회가 많지 않아 늘 혼자 멀리
서도 충성스럽게 교회를 섬기는 귀한 성도
입니다. 봄에 진달래가 피고 들판에 연둣빛
봄이 와도 그는 새벽기도를 열심히 드렸습
니다.

▲ 고동순 성도

여름 이슬에 채이며 바지는 젖어도 그는 찬송을 부르며 그 시퍼런
들판을 바라보며 감사했습니다. 가을에 여기저기 논배미를 달리며 참
새를 쫓는 소년들의 맑은 소리도 그에겐 기쁨이 되었습니다.

누가 함박눈이 내린 들판을 그려서 큰 도화지에 펼쳐놓은 것인지
잘 아는 그는 추운 겨울새벽을 깨우는 데 게을리 하지 않았습니다.

아버지를 도와 젊은 농부로 만족하며 살아가는 그의 삶도 아름다웠습
니다.

7월에 만경면이 인민군에게 점령된 후에도 그는 농사일에 열심이
었고, 주일에 교회 나가는 것도 결코 그만두지 않았습니다.

고동순 성도는 끝내 집이 있는 몽산리에서 누군가에게 맞아 죽음으
로써 순교로 삶을 마감했습니다. 아마 피투성이가 되어가면서도 하나

님 오른편에 앉으신 주님만 바라보았을 것입니다.

　그런 상황에서 주님도 할 말을 잃으셨을지도 모르겠습니다. 평소 그의 성품처럼 묵묵히 신음소리도 꾹 참으며 자신의 영혼을 주님께 맡겼으리라 생각합니다.

　주님께서 그의 외로운 길에 동행하셨으리라 믿습니다.

전주형무소에서 총살형으로 숨진 곽병일 집사

반공혁명단은 9월 12일에 공산당에게 끌려갔
는데 곽병일 집사님은 9월 23일 이후에 전주형
무소로 끌려갔고, 그곳에서 9월 26일부터 27일
사이 총살형을 단행할 때 숨졌을 것으로 추정됩
니다.

▲ 곽병일 집사님

천국에서 백합으로 피어난 청년들

▲ 최정렬 전도사님   ▲ 송은숙 성도   ▲ 유금식 성도   ▲ 곽옥정 성도

[최정렬 전도사] 당시 23세로 조선신학교 학생, 모친 이정순 집사님, 아내 이옥진 반주자

최 전도사님은 1950년 9월 초순경에 결성된 반공청년혁명단에서 선전부장으로 동지들을 규합했습니다. 9월 초순경 밤에 봉홧불이 올랐고, 다음 날에는 서로 만나 결성을 재촉했습니다.

반공혁명단의 조직을 보면 단장 곽호, 선전부장 최정렬, 연락부장 정해식, 조직부장 배동업 등이었습니다. 거의 다 만경면내에 거주하는 애국심이 불타는 청년들이었습니다.

그들은 사람들의 눈을 피해 밤중에 단장 곽호의 집에 모여 의견을 나누었습니다.

"아직 단원들의 숫자가 너무 적어서 단원들을 더 모아야 될 것 같기 때문이오."

단장인 곽호가 그들을 돌아보며 말했습니다.

"선전부장은 교회청년들에게 권유해 보시면 어떨까요?"

"예. 이번 주에 만나면 말해 보지요."

"조직부장이나 연락부장도 중학교 동창들을 찾아보고……우리 모두 힘써 봅시다."

"예. 워낙 놈들의 감시가 심해서……."

"그러니 모두들 조심해야 합니다."

그들은 한밤중에 헤어졌습니다.

교회에서 주일예배를 마치고 식사를 하던 중 최정렬 전도사님은 조심스럽게 곽옥정, 송은숙, 유금식에게 다가갔습니다.

식사 후 과일을 먹으며 그는 그녀들에게 반공혁명단에 대해 설명하면서 가입을 권유했습니다.

"우리가 지금 인민군에게 협조하면 나중에 더 큰일을 당할지 모릅니다."

"불안한 세상인데 어떡하죠?"

송은숙 성도가 조심스럽게 물었습니다.

"인민군이 돌아갈 때까지 암암리에 연락을 취하며 지켜봅시다."

"무서운 세상인 것 같아요."

"맞아요, 최 선생님."

곽옥정 성도와 유금식 성도도 말했습니다. 그들은 모두 가입을 결심하고 가입원서에 서명했습니다. 최정렬 전도사님은 그 가입원서를 가져갔습니다.

그리고 며칠 후 그들에게 반공혁명단 증표를 건네주었습니다.

그러나 불행히도 반공혁명단 회원을 규합하던 중 탄로가 나서 9월

11일 자정부터 체포당하기 시작했습니다.

단장 곽호, 선전부장 최정렬, 연락부장 정해식, 조직부장 배동업과 단원 이세호, 고율석, 김주현, 남궁태인, 곽옥정, 송은숙, 유금식 등이었습니다.

단장인 곽호의 집을 급습하여 천장에서 명단을 찾아내고, 단원들의 집을 일일이 찾아다니며 전부 체포해 갔습니다.

최정렬 전도사님은 9월 11일 자정이 넘은 시각에 집에서 잠자던 중에 체포되었습니다. 당시 이정순 집사님과 그의 아내 이옥진 선생님은 사색이 되어 떨고만 있었습니다. 옷을 갈아입은 최 전도사님은 부모님께 큰절을 한 후 어머니와 아내를 차례로 안아주고 아버지가 내민 손을 굳게 잡고 돌아섰습니다.

어머니의 울음소리와 아내의 숨죽여 흐느끼는 소리가 그의 등 뒤로 들려왔지만, 그는 뒤돌아보지 않았습니다.

이웃집 개가 컹컹 짖는 소리만 그 조용한 밤을 깨우고 있었습니다.

[송은숙(호적상의 이름은 송진구) 성도] 당시 19세로 피어선성경학원 학생, 주일학교 교사, 모친 유상덕 집사님

9월 11일 깊은 밤에 진담안집 담을 넘는 사람들이 있었습니다.

"거기 누구여?"

그들은 소위 내무 분과 사람들이었습니다.

"은숙이 있어?"

내무 분과 청년이 어둠속에서 모습을 드러냈습니다. 은숙이가 어머니와 자고 있는 방 앞에서 청년이 그녀를 부릅니다. 함께 자던 어머니

가 일어났고, 은숙이도 일어나 옷을 갈아입고 방에서 나왔습니다.

어머니가 방문을 열어젖히며 말했습니다.

"이 밤중에 이게 무신 일여? 우리 딸이 무신 잘못을 혔당가?"

"우리도 모르것네요이. 위에서 시키는데 어떡허것써요."

그 사이에 어머니 유 집사님은 뛰어나와 딸을 끌어안습니다.

"안 된다. 이 밤중에 못 데려간다. 이놈들아."

"그럼 우리 보고 어떡허라고요이. 데려가야 허는디…….."

"어머니. 걱정 말고 계세요."

그러나 그날 달빛도 없는 깜깜한 밤에 그들은 송은숙 청년을 데려갔고, 끝내 집으로 돌아오지 못했습니다.

[유금식 성도] 당시 19세로 찬양대로 섬김, 모친 정숙운 집사님

만경교회 근처 어둠속을 뚫고 두 명의 내무 분과 청년들이 유금식을 체포하러 가고 있었습니다.

정 집사님은 문을 여는 인기척에 놀라 얼른 일어나 옷을 걸쳐 입고 문을 열고 나갔습니다.

"거기 누가 왔쏘이?"

"저……금식이 잡니까?"

"누구간디?"

"분주소에서 왔구만이라."

"분주소에서 뭐땜시 왔당가이?"

"금식이 데려오라 합디다."

"우리 금식이가 무슨 잘못을 혔당가?"

"우리 덜은 모르는 일이고요. 시키는 대로 혀야지요이."

어둠속에서 금식이가 옷을 갈아입고 방문을 열고 나왔습니다.

"어머니, 갔다 올라요. 갑시다."

금식이가 앞장서자 그들도 뒤따라 나섭니다. 정 집사님은 그냥 토방에 그대로 무릎을 꿇고 맙니다.

"아버지, 머리털 하나도 상하지 않게 도와주시옵소서."

기도 소리는 울부짖음으로 변했고 동이 터올 때까지 기도를 그치지 않았습니다.

그녀는 어머니의 울음소리를 뒤로하고 그들과 함께 걸어가다 뒤돌아 교회를 바라보면서 짧은 기도를 했습니다.

정 집사님은 그날부터 교회에 가서 자식들이 끌려간 다른 어머니들과 함께 기도를 계속했습니다. 그들이 전주형무소에서 모든 고난을 당하면서 끝내는 순교자로 돌아오기까지 그치지 않고 기도했습니다.

[곽옥정 성도] 당시 22세로 찬양대와 주일학교 교사로 섬김, 모친 오 집사님

만경국민학교 근처 초가집에 어둠이 가득 찼는데 두 사람이 문을 밀고 들어갔습니다. 집 뒤에 대나무가 "쏴아" 하며 어둠을 흔들었습니다.

"옥정이 있지요이?"

"누구랑가요?"

"저……분주소에서 나왔구만이라."

"뭣여? 분주소라고?"

"예. 데려오라는구만이라."

"오메메. 무신 일이 간디?"

"지들은 모르는디요."

밖에서 떠드는 소리에 옥정이가 일어나 옷을 입습니다.

"나가요. 기다리세요."

옥정이가 나가려 하자 오 집사님은 딸을 와락 부둥켜안습니다.

"어머니. 괜찮을 거니 염려 마시랑께요이."

"그게 아닌 것 같어야. 이 밤중에 뭔일이랑가이."

옥정이가 나가 그들과 함께 어둠속으로 사라졌습니다.

1950년 9월 11일 자정이 넘긴 시각에 청년 네 사람이 체포되어 다함께 성덕면 묘라리 인민군 중대본부가 있는 개인 집에 도착했습니다.

집에서 체포된 반공혁명단원들 10명이 모두 모였습니다.

9월 12일에 만경교회를 섬기는 김 목사님, 강 장로님, 하 집사님이 영문도 모른 채 끌려와 묘라리에서 교회청년들과 만났습니다.

어젯밤에 끌려와 실컷 두들겨 맞은 듯 얼굴이 멍들고 부어있는 4명의 청년들을 보자 김 목사님은 그들을 안고 눈물을 흘렸습니다.

"이게 무슨 일이야?"

"목사님!"

그들도 김 목사님의 눈물을 보며 같이 울었습니다.

김 목사님과 강 장로님, 하 집사님이 끌려갔다는 소식이 알려지자 교회는 술렁였습니다. 만경면 반공혁명단원들은 모두 10명으로 그곳에서 개인적으로 심문을 받았습니다.

"최정렬. 너는 선전부장으로 이들을 포섭했지?"

"예 맞습니다."

그의 당당한 목소리에 인민군 조사관이 고개를 들어 그를 쳐다보았습니다. 그리고 불꽃이 튀듯 눈싸움이 벌어졌습니다.

"이 새끼, 뭘 잘했다고 똑바로 쳐다봐!"

"뭘 잘못했습니까?"

묘라리에서는 김 목사님, 강 장로님, 하 집사님이 청년들과 아무런 관계가 없다는 것을 알고 그들을 돌려보냈습니다.

그날 아침 교회에 모인 체포된 청년들의 가족들은 모두 무릎을 꿇고 하나님께 기도했습니다.

이 선생님도 봉호 할머니 유상덕 집사님과 어머니 최남인 집사님도 유금식 성가대원의 어머니 정숙운 집사님도 곽옥정 성가대원의 어머니 오 집사님도 모두 모여 간절히 기도할 뿐이었습니다. 교회 사찰집 사님 부부도 모두 무릎을 꿇고 기도했습니다.

가족들의 간절한 기도에도 불구하고 4일 후 청년들은 김제경찰서로 이송되었다고 합니다.

김제군 21명의 반공혁명단원들 가운데 만경면에는 10명 정도가 있었는데 그 중 만경교회 청년이 4명이었습니다. 더 많은 대원들이 있으리라고 생각한 인민군은 아마도 21명의 반공혁명단원들을 한 사람씩 불러 취조하며 위협했을 것입니다.

그래도 더 나올 것이 없자 소달구지를 이용해 그들을 전주로 데려갔습니다. 여자 청년들은 앉고, 남자 청년들은 교대로 달구지를 끌고 갔다고 전해집니다. 전주 가는 길은 지방도로 716호 길입니다.

김제경찰서를 떠난 소달구지는 김제역 삼거리에서 요천동과 신풍동을 거쳐 검산동을 지나 황산면의 황산들판에 이릅니다.

황산들판의 누런 벼들이 잘 가라는 듯 고개를 숙이고 서로 몸을 맞대며 서걱거렸습니다.

용지면을 지나 완주군 이서면의 조용한 들판을 지날 때 고추잠자리 떼가 하늘을 나는 풍경을 보면서 여성단원들 모두 눈시울이 붉어졌습니다.

지금의 도로명은 '콩쥐팥쥐로'인데 그것은 전주 서문 밖 30리에 전설처럼 내려오는 콩쥐팥쥐가 살았다고 하여 붙여진 이름입니다.

당시는 곧 추석이 다가오는 때여서 들판에 누렇게 익어가는 벼이삭들은 고개를 숙였고 가을 하늘은 맑고 푸르렀습니다.

황금들판에 바람소리가 서걱대고 고추잠자리떼가 하늘 높이 날아다니는 한가한 풍경이었을 것입니다.

용머리 고개를 넘어 소달구지를 타고 전주에 들어온 반공혁명단원들은 빨강 벽돌로 지어진 예수병원으로 보내졌습니다.

지하실 외벽에는 담쟁이 넝쿨이 손을 하늘로 뻗으며 올라가고 있었습니다.

취조를 받기 위해 지하로 가던 3명의 여자 청년들은 서로 손을 꼭 잡았습니다.

어둠이 내리기 시작했고 마주 앉은 인민군은 그리 인상이 나쁘지 않았습니다.

그러나 그의 인상과 달리 취조는 엄했고 비정했습니다.

"이 에미나이들은 뭘 안다고 이런 반공혁명단에 들고 그러냐?"

"우리나라 지키려고……."

"그래? 종 간나 새끼는 입 좀 다물기요."

그 젊은이는 최정렬 전도사였습니다. 인민군과 그의 눈이 허공에서 불꽃을 튀었습니다. 그가 일어나 바로 발길질이 시작되었고, 의자에 앉아 있던 최 전도사님은 그대로 뒤로 나자빠졌습니다.

"이런 정도에도 뒤로 자빠지네? 내일 전주형무소에서는 이건 아무 것도 아니지비."

최 전도사님이 일어나 의자에 바로 앉습니다. 인민군은 비웃음이 가득 찬 얼굴로 자리로 돌아가 앉습니다.

그날 밤 만경면 반공혁명단원들은 돌아가면서 취조를 받았지만, 누구 하나 그들에게 원하는 정보를 제공하지 못했습니다.

그때까지만 해도 전세는 남한에게 불리하게 돌아가는 상황이었습니다. 그래서 그들은 적화통일이 이루어질 것이라 믿었던 것입니다.

다음 날 아침에 다시 소달구지를 타고 모래내 시장을 지나갔습니다. 아침 시장에 나온 아낙네들이 안쓰러운 얼굴로 바라보았습니다.

그들을 실은 소달구지는 인후동에 있는 전주형무소에 도착했습니다. 형무소 문이 닫힐 때 그들은 모두 문을 바라보았습니다.

전주형무소는 그 시절에 인후동에 있었습니다. 이미 들어와 있던 정읍 반공혁명단원들과 부안 반공혁명단원들은 남성과 여성으로 나뉘어 수감되어 있었고 만경면 청년들도 이들에게 합류되었습니다.

한 감방에 수감된 청년들은 하나님을 믿는다는 말 한 마디에 이내 말문을 트고 서로 끌어안았습니다.

"어디에서 왔어요?"

"김제서요."

"우린 부안에서 왔는데……."

"우리는 정읍에서 왔당께요."

"우리는 앞으로 어떻게 될까요?"

"아무도 모르지요. 하나님만 아시겠지요."

같은 생각을 가진 반공혁명단원들과의 만남은 그들에게 무서움도

사라지게 했습니다.

같은 방에 수감되었던 청년 중에 하나님을 믿지 않던 사람도 은숙 청년의 전도로 하나님을 영접했습니다. 모두 그녀의 감사의 고백을 들으며 함께 어깨를 감싸 안았습니다.

수감자 모두는 식사가 나올 때마다 작은 소리로 찬양하며 기도했습니다. 겨우 목숨을 부지할 수 있을 만큼의 식사와 발 뻗고 잘 공간만 주어졌습니다.

그들은 총살형으로 하늘나라로 갈 때까지 경건한 삶을 살았습니다.

만경의 가족들은 청년들이 전주로 이송되었다는 소식을 듣고 망연자실했습니다.

매일 만경분주소의 눈을 피하여 교회에 모여 기도를 했습니다. 김 목사님과 강 장로님과 청년들의 가족은 서로 위로하면서 그해 성령의 역사로 이 나라가 다시 평화로운 나라가 되도록 기도했습니다.

사실 맥아더 장군이 지휘하는 유엔 연합군이 1950년 9월 15일에 인천상륙작전을 성공함으로써 남한에 있던 인민군은 독안에 든 쥐가 되었습니다.

이런 뜻하지 않은 유엔군의 참전으로 인천상륙작전이 성공한 뒤 인민군은 낙동강을 눈앞에 두고 다시 북으로 철수해야만 했습니다.

아마 그들의 통신병들에게 전달된 것은 어떻게든 살아서 북으로 귀환하라는 명령이 아니었을까요?

전세는 확실히 뒤집어졌고 그들은 서둘러야만 했을 것입니다. 전주 형무소에서 청년들에게 가해진 모진 박해를 어떻게 상상할 수 있겠습니까?

비록 9월 15일에 인천상륙작전이 성공했어도 중앙청에 태극기가 휘날린 것은 9월 28일이었습니다.

인천에서 서울 중앙청까지의 약 2주간의 시간은 아군이나 적군이나 모두 다 생사를 뛰어넘는 아픔이었을 것입니다.

9월 25일경 북한전선에는 무전기가 쉴 새 없이 계속 신호를 보내고 있었을 것입니다. 전선이 막히니 어서 북으로 돌아오라고 모스 부호로 재촉했을 것입니다.

그리고 형무소에 갇혀 있는 남한의 애국자들은 모두 총살하되, 아마 북한에서도 쓸모가 있다고 생각되는 자들은 북으로 데려오라고 했을 것입니다.

그래서 남한에서 수많은 사람들이 끌려갔습니다. 아직도 세계전쟁사에 민족끼리의 전쟁은 진행 중인지도 모르겠습니다.

전주형무소의 반공혁명단원들도 총으로 위협당하고 개머리판으로 구타당하며 초조한 시간들을 흘려보냈을 것입니다.

9월 26일과 27일 많은 청년들과 애국자들이 전주형무소 뒷산에서 총살형으로 생을 마감했습니다.

만경교회 4명의 청년들은 뒷산으로 가는 길에 나무 사이로 비치는 빛난 햇살을 보았을 것입니다.

최정렬 전도사님은 눈을 들어 하늘을 우러러보며 그의 영혼을 기꺼이 바쳤을 것입니다. 송은숙 피어선성경학원 학생은 집에서 끌려올 때의 옷차림 그대로 하얀 저고리에 검정 치마를 입은 모습으로 가슴에 피를 흘리며 그렇게 스러져 갔을 것입니다. 유금식 반사님과 곽옥정 반사님도 두려움보다 하나님을 사랑하는 그 마음으로 하늘나라로 갔을 것입니다.

곽병일 집사님도 그때 총살당했고, 전주형무소 뒷산에서 영면에 들어갔습니다.

송은숙 성도는 둘째 형부가 널브러져 있는 시체들을 들추다 유금식, 곽옥정과 함께 있는 것을 발견하여 목관에 수습해 돌아왔습니다.

최정렬 전도사님은 황망한 중에도 그의 아버지가 시신을 수습하여 만경으로 돌아왔습니다.

이같이 4명의 청년들은 그리운 고향으로, 더 그립던 만경교회로 돌아왔습니다.

50여 명의 사상자를 낸 만경분주소

9월 26일부터 27일까지 만경분주 소에는 50여 명의 면민들이 인민군 에 의해 반동분자로 몰려 감금되었습 니다.

▲ 반공혁명단비

그들은 잡혀온 이유를 몰라 우왕좌 왕했습니다. 아기에게 젖을 물리는 젊은 아주머니도 있었습니다.

영문도 모른 채 잡혀온 사람들은 두려움에 휩싸여 서로 바라볼 뿐이 었습니다. 그곳에 김 목사님, 강 장로 님, 강 집사님, 유상덕 집사님과 같이 잡혀온 최남인 집사님은 만경교 회 성도들이 많이 붙잡혀 온 것을 보고 품에 안았던 창호를 힘 있게 끌 어안았습니다.

이정순 집사님, 이남근 성도도 있었고, 이옥진 반주자 선생님은 임 신 7개월의 몸으로 끌려와 있었습니다.

9월 27일 밤 12시가 지난 시각에 갑자기 밴드소리, 꽹과리소리, 징 소리, 나팔소리가 요란했습니다. 만경분주소를 내려다보고 있는 팽나 무 뿌리까지도 진동시킬 만큼 큰소리였습니다.

고문당하는 사람들이 소리를 지를 때마다 더 요란한 소리를 내서 그 소리를 덮으려 했던 것 같습니다.

분주소 근처에 사는 사람들은 27일 밤 자정 넘어 시끄러운 밴드소리, 꽹과리소리, 징소리, 나팔소리 사이사이에 새나오는 사람들의 외마디 소리를 들었다고 했습니다.

만경분주소 부근에 있던 농협의 숙직자들도 27일 밤새 요란한 소리들을 들었다고 증언했습니다.

그렇게 만경분주소에 끌려간 수많은 사람들은 27일 밤에 대창에 찔리고 몽둥이와 떡메에 맞아 모두 숨을 거두었습니다.

유족들은 가족이 만경분주소로 끌려간 후 소식을 모르던 중 인민군이 떠난 후에야 세상이 달라진 것을 알게 되었습니다.

그들은 가족들을 찾아 만경분주소로 달려갔습니다.

많은 사람들이 건물 옆 방공호 흙에 파묻혀 죽어 있었습니다. 어떤 아주머니는 가슴에 아기를 안은 채 죽어 있었습니다.

수십 구의 시체가 나왔지만 김 목사님, 강 장로님, 강 집사님은 찾을 수 없었습니다.

"오늘 아침에 보니 인민군과 앞잡이들이 모두 다 사라져 버렸답니다."

"사람들이 그러는디 미국사람들이 인천에 상륙해서 들어왔다더만요이."

"그렇습니까? 전쟁이 끝났구만이라."

9·28수복 후 미군이 들어오고 인민군이 모두 어디론가 사라져 버렸지만, 만경분주소로 끌려간 많은 사람들의 행방이 묘연했습니다.

남은 가족들은 그들의 시체라도 찾아야 한다며 만경분주소 주위를 샅샅이 살피며 돌아다녔습니다.

윤 집사님이 가는 곳이면 늘 따라다녔던 영식이는 "소독약 가지고 가자."라는 말에 오늘도 소독약을 들고 뒤를 따라갑니다.

그런데 이게 웬일입니까? 세상이 바뀌었는데도 만경분주소 앞을 지키고 있는 사람들은 공산치하에 있을 때 설치던 자들입니다.

윤 집사님이 큰소리로 외쳤습니다.

"아니, 저놈들이 아직도 여기를 지키느냐?"

그 소리에 눈이 휘둥그레진 국군이 묻습니다.

"아주머니, 지금 그 말씀은?"

"저기 저놈들이 전쟁 통에 활개 치며 만경면내를 돌아다니며 우익 인사들을 잡아 가둔 놈들이오. 어서 저놈들부터 가두시오."

"예!"

그들이 슬금슬금 도망치려 하자 국군이 그들에게 명령했습니다.

"꼼짝 마라! 네놈들부터 들어가야겠다."

국군은 그들을 잡아 가두었습니다. 세상이 또 변한 것입니다.

그렇게 세상이 바뀌고 숨죽이며 살던 사람들이 쏟아져 거리로 나왔습니다.

만경분주소에 수많은 사람들이 몰려와 방공호에 쌓인 시체들을 확인하는데 그때마다 통곡이 분주소를 뒤흔들었습니다.

그러나 교회 성도들은 그 누구도 찾을 수 없었습니다. 만경분주소 앞뒤에는 각각 우물이 한 개씩 있습니다. 건물 뒤쪽의 방공호 가까이에 있는 우물가에 피 흘린 자국이 있어 들여다보니 돌이 막고 있었습니다.

돌을 치우니 사람의 모습이 보였고 건져 올리고 나니 강 집사님이었습니다. 강 집사님은 가슴 위에 십자가 모양으로 두 손을 포개고 있었습니다.

윤 집사님의 통곡에 영식이도 덩달아 울었습니다. 강 집사님의 얼굴은 평소처럼 깨끗한 모습이었습니다.

그러나 자세히 살펴보니 대창에 찔려 양쪽 귀가 망가진 것을 볼 수 있었습니다.

영식이는 강 집사님의 머리에서 핏자국을 보았습니다.

"어머니. 아버지 머리에 핏자국이 있어요."

윤 집사님은 아무 말 없이 눈물을 흘리며 강 집사님 머리에서 피를 닦아냈습니다.

또 돌을 치우고 건져 올리니 강 장로님이 올라왔는데 얼마나 떡메로 맞았는지 몸과 얼굴이 퍼렇게 멍이 들어 있었습니다.

육십 노인에게 그것은 얼마나 치욕적이었을까요? 할머니는 강 장로님의 멍든 얼굴을 쓰다듬으며 말없이 눈물을 흘렸습니다.

강 장로님은 이 세상의 인민군의 무서운 내려침 속에서 하나님의 아름다운 나라로 천사들의 인도를 받으며 가고 말았습니다.

세 번째 돌을 치우고 건져 올리니 김 목사님의 사체가 올라왔습니다. 원래도 비대하셨지만 우물 속에서 더 비대해져 있었습니다.

만경분주소에서 순교당한 후 우물 속에 던져진 김 목사님, 강 장로님, 강 집사님 세 분은 10월 2일에 출상하기로 했습니다.

세 분을 제외한 다른 성도들은 그날로 상을 치르기로 했습니다.

진담안집 유상덕 집사님과 두 살배기 아들 창호를 꼭 안은 최남인 집사님은 만경분주소 마당에서 무릎을 꿇은 채 떡메에 맞아 죽었습니다.

이정순 집사님과 며느리 이옥진 선생님도 맞으면서도 서로 껴안고 있다 하늘나라로 갔습니다. 7개월 된 태아까지도…….

만경분주소 가까이에 살던 한 아주머니는 이 소란을 담 너머로 몰래 훔쳐보다가 발각되어 끌려와 죽었습니다.

그 밤에 스러져 간 50여 명의 만경면민들 중에 만경교인은 9명이었고, 그들 모두 죽임을 당한 뒤 우물 속에 던져졌습니다.

진담안집 유상덕 집사님과 최남인 집사님은 우물 속에 있었으므로 목관에 모신 후 갈대로 만든 자리를 사용했습니다. 어린 창호는 최남인 집사님 품에 안겨 함께 하늘나라로 갔습니다.

헌직이 아버지 이남근 성도와 고모 이정순 집사님, 이옥진 선생님도 우물 속에서 건져냈을 때 목불인견이었습니다. 홀로 남은 최정렬 전도 사님의 아버지 최 집사님이 며느리의 태중의 아이까지 모두 눈물로 장산리 용지동의 교회묘지에 안장했습니다.

몽산리에서 스러져 간 고동순 성도는 교인들의 무덤이 있는 곳에 가족들의 손길로 안장되었습니다.

그날로 모든 성도들의 장례가 끝났습니다. 그날따라 서해로 지는 노을은 유난히 오래도록 하늘을 노랗게 물들였습니다.

한편, 김 목사님, 강 장로님, 강 집사님 세 분의 시체를 동해병원에 안치한 후 여 성도들이 관 위를 덮을 하얀 천에 재봉틀로 붉은 빛의 십자가를 새겨 넣고 태극기도 곁들였습니다.

김 목사님은 목관으로 할 수 없어 대나무로 엮어 만든 죽관으로 대신했고, 다른 분들은 목관을 사용했습니다.

10월 2일 오후 3시에 김 목사님, 강 장로님, 강 집사님의 입관을 마치고, 교회에서 이병렬 목사님의 집례로 영결예배를 드린 후 교인들과 조문객들의 흐느낌 속에 장지로 운구가 되었습니다.

목사님의 관은 교인들이 메고 갔고, 강 장로님과 강 집사님의 관은 조문객들이 메고 갔습니다. 찬송가는 '내 주를 가까이 하게 함은'을 불렀습니다.

운구 행렬에 김 목사님 가족과 강 장로님, 강 집사님 가족이 따라갔습니다. 철없는 영식이가 윤 집사님의 손을 꼭 잡고 고개를 떨어뜨리고 가는 모습에 노 권사님들이나 여 집사님들이 모두 눈물을 흘렸습니다.

김 목사님이 평소 잘 부르시던 '만세 반석 열리니 내가 들어갑니다'를 부르며 숙연하게 장례를 치렀습니다.

모든 장례절차가 끝난 후 그곳에 새로 만들어진 아직 흙빛이 붉은 무덤들을 보았습니다. 윤 집사님은 차마 떨어지지 않는 발길에 그만 주저앉아 목 놓아 울었습니다.

덩달아 영식이도 곁에 앉아 눈물을 훔치고 말았습니다. 누나 경현이도 할머니도 모두 오랫동안 움직이지 않고 노을이 서해의 하늘을 붉게 물드는 시각까지 움직일 줄 몰랐습니다.

반공혁명단원인 최정렬, 송은숙, 유금식, 곽옥정의 유골은 만경면 민장으로 영결식을 한 뒤 다시 교회로 옮겨 와 교회에서 예배를 드리고 교인들이 묻힌 소나무 동산에 안장되었습니다.

인민군이 만경에 들어온 후 70여 일 만에 생긴 비극이었습니다.

다시는 같은 동족끼리 죽이고 죽는 이런 비극의 전쟁은 일어나지 않아야 합니다. 11월 2일 오전 10시에 추모예배가 시작되었습니다.

유족들을 비롯한 전 교인들은 눈물로 예배에 참석했습니다. 순서에 따라 유족들이 기념 사인을 했습니다. 곽옥정 청년의 어머니는 대필로 '오스카 와일드'-"인생을 가장 아름답게 하기 위해서는 마지막이 비극이어야 한다."라고 썼습니다.

송해섭 성도는 어머니와 형수, 조카 창호와 동생 송은숙 청년을 보내며 상처가 너무 컸습니다. 그래서 "참 이럴 수가 있을까?"에서 "참" 자만을 썼습니다.

끝으로 송해섭 성도가 낭독한 시를 여기에 수록합니다.

순교자의 영에게 드리는 글

그대들은 이미 갈 곳을 다 가셨는데
이 몸은 외로이 이 자리에 상복을 감고
그대들의 추모의 글을 읊으는고?
오호라 이것이 신이 우리에게 부여하신 인생살이로다
유구 만경강 강물이 흐르고 싶어 흐르는가?
내 슬퍼하기 싫어도 그대를 추모하는 마음이
내 눈물 절로절로 짜내는도다
그대들은 영원히 살아있도다
성스러운 이 땅의 구석구석에
종을 울릴 때마다
계명을 알리는 별빛 일 때마다
나뭇잎이 서픈서픈 떨어질 때마다

내 마음에서 그대들이 사라질 때

나는 영원히 자유와 사랑을 흠뻑 쪼이는

그 나라에서 그대들과

기쁨과 반가움에 취하여 어쩔 줄 모르게

온몸이 녹으리라

허무한 인생살이

이것인 줄 알면서 나는 어찌하여

쉽사리 그대들을 못 따르는고?

그래도 믿음이 있기에

더욱이 사후에 영생의 희망이 있기에

이 세상은 이 세상뿐이기에

사후의 희망조차 없는 인생의 적막함이여

만남이 있으면 떠남이 있고

낳으면 죽음이 있고

죽으면 천당의 새로 남이 있으리라, 만남이 있으리라

영원한 마음의 벗들이여

내 이 세상에서 그대들의 발자취를

더듬더듬 찾아가려 하노니

눈물인가? 설움인가?

– 시 전문

돌아온 그리운 사람들

▲ 능제 저수지

동해병원 강 집사님의 큰딸 강경희는 당시 만경학교 교사로 재직 중이었는데 동해병원에서 살지 못했습니다. 집안이 반동분자로 몰려 주목을 받아 교장선생님 댁에 머물고 있었습니다.

그 후 전주 고모님 댁으로 피신하여 9·28수복 후 집으로 돌아와 할 아버지와 아버지의 죽음을 알고 말없이 눈물만 흘렸습니다.

그날 오후 강 집사님의 큰딸 강경희는 혼자 소나무 동산에서 오랫 동안 기도하고 있었습니다.

서해로 지는 노을이 붉은 커다란 구슬이 되어 바다에 완전히 잠길 때까지 할아버지와 아버지 무덤을 떠나지 못했습니다.

언제나 여름마다 그 맛있는 달콤함으로 식구들에게 기쁨을 주던 복 숭아나무는 1950년의 그 무더위와 동족끼리의 전쟁 통에 그만 죽어 버렸습니다.

11살 소년 송봉호는 그해 10월 1일 느티나무 아래서 만경분주소 우물에서 창호를 안고 올라오는 어머니를 보았고, 할머니가 뒤따라 올라오는 것을 보았습니다.

그때 가을 하늘은 한없이 높고 푸르렀을 것입니다. 흰구름은 슬픔 의 날인 줄 모른 채 유유히 흘러갔을 것입니다.

할머니와 어머니와 창호를 소나무 숲 묘지에 묻고 집으로 돌아온 소년 송봉호는 작은아버지와 작은어머니, 동생들과 집으로 돌아와 어 머니와 함께 사용하던 방으로 가서 울다가 지쳐 잠이 들었습니다.

잠이 든 얼굴에 눈물자국이 선명합니다. 어머니 최남인 집사님이 창호를 옆에 내려놓고 아들의 얼굴을 어루만지며 속삭입니다.

"아들아. 창호랑 할머니랑 천국에서 기다리고 있을게. 내 아들 사랑

한다. 믿음의 대장부로 동생들도 잘 돌봐야 한다.”

“어머니! 어머니!”

소년은 깜짝 놀라 꿈에서 깨어났습니다.

봉호는 일어나 어머니가 쓰다듬었던 얼굴을 어루만지며 하염없이 눈물을 주르르 흘립니다.

봉호네 집 우물가에 있던 복숭아나무도 그해 지독한 전쟁 통에 그만 말라죽었습니다.

아버지는 좀처럼 집에 돌아오지 않았습니다. 피난한 많은 사람들이 집으로 돌아오는데 봉호 아버지는 소식도 없고 속절없이 시간이 지나갔습니다.

작은아버지는 작은어머니와 상의했습니다.

“형님이 아직도 돌아오지 않으니 아무래도 고모 내외분과 상의해야 할 것 같소.”

“어떻게요?”

“우리는 아직 아이가 없으니 대신 부모 노릇을 해야지 않겠소?”

“아이들이 따라와 줄까요?”

“워낙 심성이 착한 조카들이니까. 그리고 지금 엄청난 충격에 빠져 있잖소. 얼마나 불안하고 두렵겠소.”

“예. 그렇게 해요.”

어느 날, 작은아버지는 가까이에 살고 있는 고모 내외와 상의하러 갔습니다. 방으로 들어간 작은아버지와 작은어머니는 마주 앉아서 어수선한 때에 자신들이 상의하러 온 내용을 이야기했습니다.

고모는 눈물을 흘리며 작은어머니 손을 와락 잡습니다.

“고맙네. 고마워.”

"마땅히 제가 할 일인 걸요."

어느 날 오후에 진담안집 큰 방에 봉호와 두 동생, 고모 내외와 작은 아버지와 작은어머니가 모두 모여 앉았습니다.

"봉호야!"

고모부가 머리를 숙이고 앉아 있는 봉호를 불렀습니다. 봉호는 그제야 고개를 들고 바라봅니다.

"예."

고모부는 봉호와 동생들을 바라보지만, 차마 말을 못하고 머뭇거립니다.

"험한 시절에 아버지는 소식이 없으니 작은아버지를 아버지라 부르며 살거라."

봉호는 눈물을 뚝뚝 흘리며 선뜻 대답을 하지 못했습니다. 하루아침에 전쟁고아가 되었습니다.

얼마 후 눈물을 손등으로 닦더니 대답합니다.

"예."

그 대답에 모든 식구가 울음을 터트리며 모두 아이들을 감싸 안습니다.

아버지는 두 달이 지나서야 진담안집에 돌아왔습니다. 아버지는 낮에는 도가니에 숨고, 밤에는 나와 풀을 뜯어먹고 그렇게 살아남았습니다.

가족 모두 죽은 줄로 알았던 아버지가 돌아오자 아이들은 아버지를 안고 좋아했습니다. 그러나 그동안의 진담안집 상황을 듣더니 산소에 찾아가 몸부림치며 울었습니다.

그렇게 도주하던 인민군의 만행은 많은 사람들을 죽음으로 몰아넣

었고 능제 저수지와 그 아름다운 만경평야를 슬픔으로 가득 차게 만들었습니다.

만경교회 15명의 순교자들은 전주형무소와 만경분주소에서, 고동순 성도는 몽산리 집 근처에서 그렇게 아름다운 삶을 살고 갔습니다.

김 목사님, 강 장로님, 강 집사님은 장산리 용지동 소나무가 울창한 국유림 남향에 묻혔습니다.

만경면민장으로 영결식을 마친 후 최정렬 전도사님, 송은숙 반사님, 유금식 반사님, 곽옥정 반사님은 만경교회로 옮겨 예배를 드리고 김 목사님과 성도들이 묻힌 장산리 용지동 소나무밭 밝은 곳에 묻혔습니다.

만경교회에서 충성된 성도로 살았던 네 청년은 죽음도 같이 맞이했습니다.

그곳에서도 서로 이웃하며 아주 정성스럽게 만들어진 그들만의 작은 쉼터에서 지내게 되었습니다.

만경교회에서 일어난 이런 순교자들을 하나님 오른편에 앉으신 주님께서 일어나 보셨음을 우리는 알 수 있습니다.

그분께서 눈물 흘리셨을 그 시각에 순교자들의 영혼들은 세마포 옷을 입고 이 세상 모든 고통도 잊고 밝고 빛나는 모습으로 천국으로 갔음을 믿어 의심치 않습니다.

그 천국에서 청년들과 만경분주소에서 순교당한 김 목사님과 여러 성도들은 영원토록 하나님 아버지와 주님과 함께 살고 있을 것입니다.

순교자, 그들의 값진 삶

만경평야는 조선시대부터 비옥한 땅이었습니다. 농부들은 이른 아침 능제 저수지 위로 물안개가 피어오르는 아름다운 풍경을 보았을 것입니다.

임진왜란 때 황폐한 조선을 살릴 수 있었던 것을 그 시대의 왕 선조는 전라도에서 나온 쌀이었다며 고마워했다고 합니다.

그것을 일본에서 알고 정유재란을 일으켜 전라도를 초토화시켰습니다.

남원의 '만인의총'은 남원에서 군, 관, 민 만 명의 주검들을 묻을 수 없어 한꺼번에 묻은 것입니다. 그 후 끈질긴 일본의 야욕은 마침내 우리나라를 삼켜버렸습니다.

내가 본 능제 저수지 해질 무렵의 아름다움은 무어라 표현하기 어렵습니다. 내가 오래전 살던 내 고향 전라도에 이런 곳이 있다는 것이 놀라웠습니다.

그리고 더 놀라운 것은 6·25 때 만경교회에서 15명의 순교자들이 목숨을 아낌없이 하나님께 바쳤다는 것이었습니다.

전쟁이 일어나 만경이 공산군의 지배하에 들어갔어도 믿음의 목사님과 성도들은 교회를 떠날 수 없어 피난을 가지 않고 지켰습니다.

2018년 여름에 처음 본 만경교회에서 나는 15명 그분들의 영정 사진 앞에 섰습니다.

김종한 목사님부터 두 살배기 송창호까지 작은 십자가로 남았습니다.

평화롭고 아름답고 인심이 넉넉한 만경은 전쟁으로 인해 여름인데도 칼바람이 불었습니다.

내 고향 전라북도에서 수많은 사람들과 믿음의 성도들이 스러져 갔습니다. 암담한 주검 중에 이제 순교자들의 고귀한 삶의 한 부분을 남기고자 합니다.

전성용 목사님과 당수경 사모님께서 제일 먼저 만경교회 순교자 이야기를 들려주심으로써 이 소설이 탄생하는 계기가 되었음에 감사드립니다.

그리고 만경교회 전철희 담임목사님께서 주신 귀한 두 개의 자료가 기본이 되었습니다.

11살 어린 나이에 느티나무 아래서 할머니와 어머니와 그 품에 안긴 두 살배기 동생 송창호의 주검을 지켜본 송봉호 원로목사님과의 만남이 이 소설의 많은 부분을 가능하게 했음을 고백합니다.

강성진 장로님과 강춘길 집사님의 아들 강영식 장로님의 마음 아픈 증언도 감사했습니다.

이 이야기는 1950년 겨울에 태어난 내가 살아 온 날들만큼이나 오래전 이야기입니다.

그들은 그때부터 열두 과일 열리는 생명 강가에서 주님과 동행했음을 굳게 믿습니다. 이 모든 것이 하나님의 특별한 은혜입니다.

그분께서 홀로 영광받아 주시길 기대하며 기도합니다.

고맙습니다.

▲ 송봉호 원로목사님

"느티나무와 소년"에 등장하는 소년 봉호로 당시
할머니, 어머니, 고모, 동생 창호가 순교했음.

그 여름에 핀 눈꽃

초판 인쇄   2020년 9월 24일
초판 발행   2020년 9월 28일

지 은 이 김한나
펴 낸 곳 코람데오
등   록 제300-2009-169호
주   소 서울시 종로구 세종대로 23길 54, 1006호
전   화 02)2264-3650, 010-5415-3650
　　　　　FAX. 02)2264-3652
E-mail soho3650@naver.com

ISBN | 978-89-97456-85-7 03230

값 11,000원

※ 잘못된 책은 바꾸어 드립니다.